园林四季

鲍晓◎摄

沧浪亭之春

网师园之夏

留园之秋

拙政园之冬

苏州名园掇粹

鲍晓 编著

苏州大学出版社

图书在版编目（CIP）数据

苏州名园掇粹／鲍晓编著．—苏州：苏州大学出版社，2016.8（2021.12重印）

ISBN 978-7-5672-1824-6

Ⅰ.①苏⋯　Ⅱ.①鲍⋯　Ⅲ.①古典园林－介绍－苏州　Ⅳ.①K928.73

中国版本图书馆 CIP 数据核字（2016）第 208074 号

书　　名：苏州名园掇粹
编　　著：鲍　晓

责任编辑：倪浩文
装帧设计：刘　俊　倪浩文
正文摄影：倪浩文　沈　亮
出版发行：苏州大学出版社
社　　址：苏州市十梓街 1 号　邮编：215006
网　　址：http://www.sudapress.com
印　　刷：广东虎彩云印刷有限公司
开　　本：890 mm × 1 240 mm　1/32
印　　张：4.75
插　　页：1
字　　数：115 千
版　　次：2016 年 8 月第 1 版
印　　次：2021 年 12 月第 2 次印刷
书　　号：ISBN 978-7-5672-1824-6
定　　价：25.00 元

苏州大学版图书若有印装错误，本社负责调换
苏州大学出版社营销部　电话：0512-65225020

自 序

余1949年就读于上海第二军医大学二大队（本科），未卒业。因朝鲜战争爆发，提前调至华东军区某医院从事医务行政管理工作。1956年，调至苏州护士学校任教，以调干生身份考取华东师范大学中文系，毕业后回原单位执教。"文革"后，仍不能做到"学学半"，学然后知不足，教然后知困。

年届花甲，回归陋室，为自己蜗居题名为"无翼鸽斋"，跋云：余有一十五平方米之书斋兼卧室，日作于斯，夜寝于斯。闭门自成独家小天地，开窗遥望全球大世界。室如鸽笼，名之曰无翼鸽斋。居此斋室，虽无翅振飞，但能遐想天外。室虽可笼身，岂能禁思乎！

退休之初，经济拮据，四处兼课，独中文少有问津者。以前自己爱好自然，时游园林，略有所得。因职业关系，我游园林时，对园中的有关文字，都认真阅读，不论匾额、楹联、诗词、园记，都去读通读懂。例如苏子美的《沧浪亭记》就是一篇写得极美的散文，归有光的《沧浪亭记》

被选进《古文观止》。好多对联是集古人诗词文章的句子，来表现一个景点的意境，而造园家又通过造园技巧表达出的艺术氛围和文字内涵，两者互为表里，相得益彰。我悟出古典园林与园林文化是密不可分的一个整体，试着分析文人、画家笔下的诗情画意，找出造园的某些规律。同时猎祭园林典籍，写成急就之章，在老年大学开设园林课程，教学相长。复为来苏园林系师生义务讲园，一讲就逾廿载，与多位高校师生结为园友，联系不断。时年九十，奋力写成此书，必有不足之处，敬请读者指正。

目录

自 序 / 一

沧浪亭 / 一

网师园 / 三五

拙政园 / 五一

留园 / 六九

环秀山庄 / 七九

狮子林／九九

艺圃／八五

耦园／八九

苏州古典园林造园的规律／一〇五

怡园／九三

跋／一四四

苏州诸多园林中，以沧浪亭历史最为悠久。它始建于北宋庆历四年（1044），距今已经有一千多年。园主是北宋著名文学家苏舜钦（子美）。他在开封被罢官，来到苏州，买下了吴越国近戚孙承祐一座花园的遗址，筑起沧浪亭，并写了《沧浪亭记》。到明朝，苏州著名文学家归有光写了第二篇《沧浪亭记》。这两篇同名的记内容却完全不同。前者，记下了苏舜钦买沧浪亭的经过和他被罢官后隐居其中的感慨；而后者，因沧浪亭已成为大云庵，当时的住持叫文瑛，与归有光是朋友，文瑛和尚为了纪念苏舜钦，将沧浪亭恢复原貌，并请归有光写一篇记。归有光的记，主要谈了沧浪亭的变迁，从沧浪亭变为大云庵，又从大云庵恢复成沧浪亭，感慨朝市的变迁。此为第二篇《沧浪亭记》。

宋时苏舜钦和梅尧臣齐名，并称为"苏梅"。苏舜钦的散文清新、秀丽，而归有光的散文也具有苏舜钦的意蕴，所以这两篇散文同时成了脍炙人口的名篇，在沧浪亭中都有碑刻。正因为与文学家有关，受到后代文人的景仰；加之明清两朝的巡抚衙门离沧浪亭约一里，许多任巡抚经常去游赏、聚会并修建该园，留下了大量诗文。早如南宋词人吴文英（字梦窗）的《贺新郎·陪履斋先生沧浪看梅》。可以说，不论是碑廊或匾额、楹联，其文化积淀之深厚在苏州没有一个园林能够超过。这是沧浪亭文化内涵的最大特点。

沧浪亭一是历史悠久，二是文化深厚，三是造园艺术最佳。它完全符合明代计成《园冶》中造园的八字原则："巧于因借，精在体宜。"沧浪亭跟其他的苏州园林像网师园、拙政园、留园等不同，其他园的四周都有高高的围墙，称

之为"封闭园"。唯有沧浪亭，它采取"巧于因借"的造园手法，向北，不用封闭的垂直围墙，而是隔以一条叫葑溪的河。河不是沧浪亭的，但沧浪亭傍河造园，河就成为沧浪亭的园界。入口是座石桥，过桥即园内，出桥是园外。所以，在园外看沧浪亭，园内景色历历在目。这是巧于因借的一个手法，叫作近借水。更妙的是，原来沧浪亭的南边，完全是田园风光，苏州人把它称作"南园"。南园的外围，是"女墙"，也就是城墙——雉堞。城西南角上，一塔高耸，即瑞光塔。城墙外面，向西南方向看去，太湖边上的群山，迤逦连绵，一片青翠。上方山的浮屠、寺院，悉收眼底，就是一幅群山图。恰如沧浪亭亭柱的下联——"近水远山皆有情"。沧浪亭这一"近借水，远借山"的特点堪称"巧于因借"的典范，是"外向园"的范本。可惜现在四周全是高楼，山已经看不到，水也脏了。

一、景　说

❀ 山

　　沧浪亭的山，最贴近于自然。苏州园林里的山有三大类："土山""石山"和"土石相间山"。这儿原来就是土山，后来加以山石巩固。它的西边是清人接上去的太湖石山。应该说，虽然接得也不算错，但总有狗尾续貂之嫌，不如原来的更接近于自然。这山上还有一个特点，大树比较多。从苏舜钦写的"左右有林木相亏蔽"，到吴文英词里的"乔木接云气"，大树众多，形成了沧浪亭的佳景。沧浪亭原筑于水边石岸。到康熙三十五年（1696），河南商丘宋荦（字牧仲）时任江苏巡抚，重修沧浪亭，将亭从水边迁到了山顶。

这一迁，奥妙无穷。因为坐在亭上，向北看，通过复廊就看到波光水影；向南远眺，西南诸峰历历在目。沧浪亭的近水远山，尽收眼底，风光宜人。后来因在山亭的南面造了一座比较大型的建筑"明道堂"而遮住了视线。为弥补其不足，在"明道堂"之西南，又筑一高楼，叫"看山楼"，现在只能叫"看楼楼"了。这不能不说是一大憾事。

❀ 轴线和对应线

沧浪亭的总体特点，是以山上的"沧浪亭"为中心，形成了多种的景观轴线（主对应线）和对应线。中间的主轴线和两条对角线的对应线都通过的主轴中心点（原点），即亭的中心。东边是"观鱼处"，原为沧浪亭旧址；西边是"面水轩"，两点之间由复廊相接，形成数学上的"两点一线"。以正对亭北之廊的二分之一处为中线，作垂线穿过亭心，向南延伸经"明道堂"到"瑶华境界"，这一"中轴线"，就是"纵坐标"y轴。东边有一攒尖半亭名叫"闲吟亭"；西边有一歇山半亭，叫"御碑亭"。再将这两个半亭连成一线通过沧浪亭的中心，即"横坐标"x轴。两条轴线在亭心交叉（即原点）。东北有"观鱼处"，西南有"清香馆"，把它们用对角线相连，仍穿过轴线中心。西北角的"面水轩"延长到东南角的"闻妙香室"，这条对角线也是通过沧浪亭的原点，这两条线叫作"对应线"。无论是轴线，还是对应线，交叉点均在亭的中心。沧浪亭环山的所有建筑，都形成一体，相互呼应，相互映衬，于不对称中见对称，十分精妙。

❀ 廊

沧浪亭的廊，非常有特色。从大门进来，东西两侧都能步入游廊。它的廊不仅在于蜿蜒曲折，更在于千变万化。

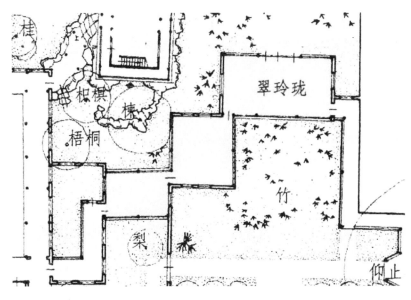

翠玲珑平面布局图

从空间序列来说，进大门向东，它是顺时针序列。到了河边，它是"复廊"，一在内，一在外，中间用粉墙漏窗相隔。内廊靠山曰"山廊"，又称"爬山廊"；外廊傍水曰"水廊"，亦名"凌波廊"。起端紧靠门厅的复廊，到面水轩开始变化了。外廊走面水轩的北侧、东侧，而内廊经面水轩的西侧、南侧，成了轩的回廊。向前又成了复廊，临水的一面以大弧度向内收进，使沧浪亭亭外的水显得特别开阔，石岸为黄石堆砌，参差高低、倍有情趣。到廊中部用高耸的山石，几乎与廊檐相连，由上而下藤萝漫挂。山石间，有诸多大小空隙。透过空隙和藤萝垂挂的绿帘，隐约可见波光水影，而山石再向前，便逐渐低矮，波光尽显。此手法使赏水过程似断似续、若隐若现，引人入胜，更增添了凌波廊的情趣。复廊一直到"观鱼处"结束。这条复廊，堪称全国园林建筑艺术中的佳品。苏州不论是拙政园，还是晚清的"怡园"，都仿照了这里的廊，却都无此高妙。人在内廊可以清晰地看到山景；再转首由每一个花窗向外望去，隐约可见外面的水；反之，在外廊可以清楚看到水景，透过漏窗隐约看到里面的山，实为廊之绝唱。复廊到尽头，向南转折，成了单廊，即游廊。在廊上有一半亭名"闲吟亭"，内立乾隆御碑。循廊往上走渐觉陡峭，到达"闻妙香室"，廊止，进入室内。此室采用了一纵一横的两间结构。走出闻妙香室，廊又出现。这廊到了"明道堂"，就连接上它的回廊，而"明道堂"与"瑶华境界"的庭院，又是一个大的回廊。回廊向西有游廊与"清香馆"相连。在清香馆的外围，游廊曲折走向"步碕亭"。"步碕亭"面临的深渊是沧浪亭内唯一的水体。廊再转折，就到了门厅西边，又与"藕花水榭"相连。所以，环山而筑的园路全是廊。苏舜钦有一首诗，写出了沧浪亭的特色。诗云："一径抱幽山，居然城市间。"我们可以看到当时的造园家，不光是给你一个大自然的山和径，还在径外安排了建筑群，并用曲廊串联，形成了沧浪亭的整体结构。沧浪亭的特色，可以用一个形象的比喻：环山的建筑亭、轩、室、堂、馆像一颗颗不同的珍宝，它用廊串联，形成了耀眼的光环。多姿多彩的廊有分有合，有断有续，分的时候是回廊，合的时候是游廊、复廊，使得廊衔接不断，"小廊回合"，环山一周。我们走在廊上，穿堂入室，都可以眺望以山亭为主的建筑，实在是高妙绝伦。

❀ 翠玲珑馆

从明道堂前，回廊的西边衔接到一个非常有特色的小

庭，小庭呈长方形，它以两个曲尺形（一是反"L"的回廊，一是倒"L"的封闭式小庭）相嵌合。廊一头连着"明道堂"回廊西口，再向南转向"翠玲珑"第一室向东的门。但此廊并不一直伸到前面的墙，而只是到门为止，洞门呈瓶状。"瓶形门"外植数枝芭蕉，当芭蕉长得茂盛了，我们站在廊中向南看，只有几片绿色的蕉叶垂挂在"瓶"上，这正是宋朝人的法式："疏可跑马"。假如有一个少女，站在"瓶"的蕉叶下面，拍一张"瓶形照"，就是一幅臻美的"青蕉红粉图"。从功能性上来讲，从廊的半明半暗，过渡到小庭的

翠玲珑

明亮。小庭种有罗汉松、芭蕉,原来墙角处还种有清竹数竿。游人入庭,四壁漏窗齐映眼帘,它们使艺术空间隔而不绝,界而不断。园林漏窗各处都有,要数沧浪亭最为精美。小庭西边一排和北边一排的漏窗,用花果图案造型。北边一排,窗形用"桃"和"榴";西边的一排,一是"荷",窗框的外形也是大荷叶,一是"芭蕉",窗框用了海棠花形。漏窗外,海棠、芭蕉、梨树,春日繁花满枝,秋天硕果累累。原来,这些精美漏窗还透出了"春华秋实"的消息。这仅是"翠玲珑"的序曲。

走过曲尺的小廊向西,就进入"翠玲珑"。翠玲珑整体由三间建筑组成。它的布局,三室都以对角线相连,走向成"之"字形。进入到这一组房屋的时候,室内就显得"深邃"。第二个特点,它三间房屋的排列采用了"横、竖、横"的形式,三室的对角线也就连成了一条曲线,出现了园林美学中的第二个特点"曲折"。"深邃"而又"曲折"正是造园艺术手法上的特点。更主要的是三室角与角的连接,使每一间都出现了"四面临界空间",也就是四壁与室外相连,正符合我们中国园林建筑中的一个基本要求:"四壁成画。"所以,来到翠玲珑,不论站在哪间室内向四壁眺望,都是四幅立体的图画。我们所看到的门窗,全部是中国的国画形式。向东看,它是一个小的框景,一幅芭蕉图。中国国画形式叫"斗方",相当于文学作品的小品文。再加上有冰裂纹的窗棂作为边幅,更为精致。再向北看,是一排长窗,是一幅"横幅"图画。这长窗可以变化,打开一扇窗,所看到的"青蕉图",如同宋诗里的"芭蕉分绿上窗纱""窗护芭蕉夜雨凉"等,就完全表现了诗情画意,这正是中国

画的"条幅"。我们再打开一扇窗,所出现的就是主客厅中悬挂的"中堂"。我们如果把这两扇窗关起来,四扇窗为一组,如"春、夏、秋、冬"和"梅、兰、竹、菊"等,就是我们中国画中的"条屏"。所以,到了室内,无论面对哪个方向,都是画。我们刚才看到的"斗方""条幅""中堂""条屏"和"横幅"都是"静观"。尤其妙的是,当我们从第一室走向第二室的时候,还可以看到更为动人的图画:一室的"横幅",转入第二室,又是一个"横幅",两个"横幅"相连,就是中国国画里的"长卷"了,这就在"动观"了。无论动静,它均美妙绝伦。

主室有一匾,上写篆书:翠玲珑。它源于苏舜钦的一首七律,其中有"秋色入林红黯淡,日光穿竹翠玲珑"之句。我们在于空里所看到的画面,既有"斗方",有"中堂",又有"条幅",还有"横幅"等。我们看到的是四幅与竹有关的图画。向东看,是"竹石图";向西看,为"青竿图"。向北看,满是翠竹,叫"竹林图";向南看,是中堂"竹径图"。唐朝诗人常建《题破山寺后禅院》有:"竹径通幽处,禅房花木深。"秋天,竹子最为青翠,阳光最为灿烂的时候,太阳光穿透竹林,照到室内,满屋翠光泛滥,玲珑剔透。室内摆的家具,也是以竹为图饰的明式竹节纹红木桌椅。所挂的字画,都是以咏竹为主题的。挂的对联,仍旧是竹子做的,对联中的内容还是竹。甚至连室内桌上摆放的植物亦为"竹节海棠",堪称绝配。这样,就突出了"翠玲珑"以竹为主的鲜明主题。所以,这一组建筑形式在苏州园林,乃至中国园林建筑中都是独一无二的。

翠玲珑的室外,是一片竹林。翠玲珑的门窗,通过玻璃的反照，可以映出竹的影子。当阳光普照时，印在地面或粉墙上的竹枝、竹叶，恰似郑板桥的"墨竹图"。归有光写的："风动影移，姗姗可爱。"苏舜钦在《沧浪亭记》里说："光影会合于轩户之间，尤与风月为相宜。"都说出了光和影的美。而这座建筑不论室外、室内，抑或粉墙和地面，都能看到竹和影，的确是苏州园林中的珍品。它完全表达了诗情画意，体现了中国国画里所有的形式。翠玲珑主室向南，是一个石栏围护的小庭，四周是竹园，这也就是翠玲珑的尾声。这一小庭，密布青竹，是半开放空间，向南是漏窗，西面是粉墙，向东可以看到建筑在石山上的"看山楼"。也只有经过充满了诗情画意的翠玲珑，漫步到小庭里，才看到竹枝的光和影的完美效果，这怎能不是一种最高的享受呢？

"翠玲珑"有一副用竹子做的抱柱联，亦称为"此君联"，典出于《世说新语》王徽之的故事。上联是"风篁类长笛"，"篁"：新竹为篁。风吹竹声，好像在奏鸣着一支长笛，突现了"翠玲珑"的主题。风虚，篁实，风篁结合，风吹竹声，如同听到了长笛的奏鸣。在园林鉴赏中，让我们感受到以实生虚的美妙意境。下联是"流水当鸣琴"。庐山花径处，有一湖，名"如琴湖"，湖中流水，如同七弦琴奏鸣。中国造园的水景中，以琴或音命名者颇多，北京中南海里面有一亭，让水通过小亭流出来，名叫"流水音"。无锡寄畅园，最有名的景点也与流水有关，有一涧，两边是山，中有水流，出现了水的各种不同的形态，有悬泉，有瀑布，有山涧，有溪流，有深潭，经过有落差的水流过，流水的声音各不相同，好像奏鸣一组交响曲，名之为"八音涧"。

风竹声，水流声，都像笛和琴的吹弹，是园林的自然音乐，实乃美妙的天籁之声。

❀ 面水轩

从门厅向东，经过复廊，到达一座歇山顶小轩，外廊包绕这一组建筑的北和东，内廊位于西和南，形成了这座轩的回廊，颇有特色。它的四壁用支摘扇门窗，到夏天可以把整个四壁的门窗打开，使得四面景色渗透到室内，尤其是山间清风，水波月光，皆可一览无遗。轩名出于苏舜钦的"高轩面曲水，修竹慰愁颜"的诗句，故曰"面水"。里面有一副对联，原出于洪钧手笔，后佚，由红学家、书法家邓云乡补书，上联是"徙倚水云乡，拜长史新祠，犹为羁臣留胜迹"。"徙"就是迁徙，因为苏舜钦是四川人，在开封做官，被罢官后寓居苏州，买下沧浪亭。"倚"就是靠。他寄居在有水有云风光秀丽的沧浪亭，因后人景仰苏舜钦，在沧浪亭盖了"苏公祠"，洪钧写联时，祠堂刚盖不久，故曰"新祠"。苏舜钦最后做的一任官，是湖州长史，所以"拜长史新祠"。"犹为羁臣留胜迹"，就是为羁留苏州的苏子美，留下了一个名胜遗迹。下联是"品评风月价，吟庐陵旧什，恍闻孺子发清歌"。苏舜钦买下了沧浪亭，邀请欧阳修来苏看新买的沧浪亭，他在滁州做知州，当时交通不发达，从滁州到苏州很困难。欧阳修感谢他的邀约而不能前来，写了一首长诗，题为《沧浪亭》。其中有两句："清风明月本无价，可惜只卖四万钱。"因为苏舜钦在《沧浪亭记》中有一段话，看到了成为弃地的废园，"予爱而徘徊，遂以钱四万得之。构亭北碕，号沧浪焉"。便以四万青钱买下了这个园林。"吟庐陵旧什"就是吟诵欧阳修的这篇诗作。

读了欧阳修"品评风月价"的"庐陵旧什",洪钧就仿佛听到了有小孩唱起了《沧浪歌》。"沧浪歌"源于《孟子·离娄上》:"有孺子歌曰:'沧浪之水清兮,可以濯我缨;沧浪之水浊兮,可以濯我足。'孔子曰:'小子听之,清兮濯缨,浊兮濯足矣。自取之也。'"外廊有一副竹抱柱联,写这对联的是清代河南巡抚张之万,他点出了面水轩景点的景色。上联是"短艇得鱼撑月去",小小的船在月光下捉鱼,捉到了一条鱼,鱼在欢蹦乱跳,银鳞闪闪,然后拿起长篙,撑小船离开。拿起了长篙撑船的一刹那,原来静印在河底的月影被捣碎了,银光灿烂,写活了水边的动态景色。下联是"小轩临水为花开",欣赏水面的景色,不但可以看荷花,还可以看波光、倒影、游鱼。这个轩的特点,不光夏天打开所有门窗,可以通风观景;冬天关起门窗,向南也可以看到沧浪亭的山林亭台。它以看水为主,看山为辅。通向外廊,有两个门是绝佳的框景。向北的门,门框作画框,门槛的外面是外廊。廊外是砖细坐槛,栏外是石岸,石岸上生有古树。岸外是葑溪之水,碧波荡漾,游鱼无数,倒影入画。再过去,就是对面的石岸,石岸的上面是石栏,石栏的外面是石径,石径的外面是可园的粉墙。粉墙上可以看到竹影、阳光,而粉墙内是竹、树。竹、树的间隙透露出来的是白云蓝天,宛然一幅浓墨重彩的山水画。若遇有老者临波垂钓,就是一幅绝美的"清波垂钓图"。这一种画境,在沧浪亭门窗中经常可见。向东的一面,当门是一株垂挂的合欢,波光闪烁于树隙之间。原来东边没有民居,只有田地,可以看朝霞旭日,又是一幅绝佳的框景,但现在都是民居了。面水轩里面的匾"陆舟水屋"原是吴昌硕所题，后毁于"文革"，后再由著名书画家王个簃复题。常有游客询问"陆舟水屋"的匾额为何面北悬挂，而不是直面游客入室的南向，因该轩名"面水轩"，以面水为主，"陆舟水屋"匾额故悬挂南向门楣。复廊临河的一面到了"面水轩"，已经不完全是复廊，而是内外分开形成了回廊。外廊为"面水轩"的北廊和东廊，是临河走廊，对水景一览无遗。而内廊，就是"面水轩"的西廊和南廊，临山而建，完全可以欣赏山间风光。

❀ 明道堂

明道堂是三开间大堂，在它的四面不但自身有回廊环绕，天井的四周也有回廊。形成了园林中不可多见的规整式建筑。这原因何在呢？因为它离当时的明清巡抚衙门不到一里，而好多任的巡抚往往到沧浪亭来谈文说诗，以诗文会友，后来就在沧浪亭的南面盖了"明道堂"。当时是同治十二年（1873），由江苏巡抚、合肥人张树声所建。到后期还在现在"瑶华境界"的基础上，盖了一个戏台。林则徐做巡抚时，"明道堂"成了苏州一些官员们讲文谈学的地方。所以，它是典型的规整式建筑。由于明道堂的建成，在沧浪亭上就不能再看到西南的群山，为弥补其不足，在明道堂的西南角筑了一个"看山楼"，登楼远眺，青山历历在目。

明道堂是人文景观，堂名取自于苏子美文章《沧浪亭记》中的两句："观听无邪，则道以明。"是说当一个人不再受外界事物干扰时，就到了"无为"的境界，此时方可"明道"。明道堂内外，有两副对联。堂内一联，上联为"渔笛好同听，羡诸君判牍余闲，清兴南楼追庾亮"，下联为"尘

明道堂

缨聊一濯,拟明日刺船径去,遥情沧海契成连"。是同治十二年秋侯官郭伯荫所题。上联指沧浪亭就在葑溪的河边,葑溪上往往有渔船来往,吹奏渔笛,当地的官民都喜爱听水上渔笛,所以"好同听"。因此,郭伯荫讲,驻守在苏州的官员们,在判牍余闲之时让人非常羡慕,可以经常到沧浪亭,听到葑溪上的渔笛。这种雅趣,和谁一样呢?"清兴南楼追庾亮",庾亮是晋朝的大司马,为明穆皇后之兄。当时他驻守在湖北武昌。武昌黄鹤楼边,有一座黄鹤山,山上有楼,称作"南楼"。《世说新语·容止第十四》有一段记载:有一次庾亮手下的官员殷浩、王胡之等人,正在南楼聚会吟唱,忽然听到楼板有木屐声,大家一听,知道是庾亮来了,都比较惊慌。庾亮走上楼来,看到他们在寻欢作乐,就对大家讲:"你们照样娱乐,老子也和你们同乐。""老子"是庾亮自称。下一联"尘缨聊一濯",沧浪亭是"沧浪之水清兮,可以濯我缨"之处。他作为一个官员,在仕途上奔波,来到沧浪亭,也要"一濯尘缨"。"缨"是官帽上的帽带。"聊"是副词,现代汉语意为"姑且"。姑且把我官帽上帽带的灰尘洗一洗,就打算明天直接坐船离开苏州,离开沧浪亭了。我去干吗?我的心已经飞到了沧海之上,去找成连做最相知的朋友。成连的故事出《乐府新解》,成连是俞伯牙的先生,最著名的古琴师。俞伯牙师从成连学琴,学成之后,抚了一曲《高山流水》。成连听了以后不置可否,只对俞伯牙讲:"你明天跟我到海上去,那里有一座山,你跟我去找我的先生。"俞伯牙遵从师命,到了海岛上,就是找不到他的师祖。有一天忽然狂风大作,波涛翻滚。这时俞伯牙恍然大悟,原来"先生"就是天地自然和日常生活,便重新改写了《高山流水》。等下了海岛,看见师傅,送上了自己改写的《高山流水》曲谱。此时,成连方予首肯。后来俞伯牙又因弹《高山流水》与钟子期成为知己的故事,已是家喻户晓。

门外的一副抱柱联,上联是"百花潭,烟水同情,年来画本重摹,香火因缘,合以少陵配长史",下联为"万里流,风波太险,此处缁尘可濯,林泉自在,从知招隐胜游仙"。上联是明写四川成都杜甫草堂前的"百花潭",而暗指江苏苏州沧浪亭的沧浪之水。老杜有诗:"万里桥畔一草堂,百花潭水即沧浪。"两处的"烟水"都是充满了感情。"年来画本重摹",作者叫薛时雨,一年多前,曾经来过沧浪亭,现在同治甲戌年小春重临旧地,看到风景如画,就像画家重新临摹的一幅山水画。后人因景仰杜甫，在杜甫草堂盖了"杜公祠"纪念他。苏州人因景仰苏舜钦，也在沧浪亭盖了"苏公祠"祭祀苏舜钦，最妙的巧合是：杜甫与苏舜钦的字都叫子美。"香火因缘"是指唐宋两代著名文学家都受到了后人的景仰，盖祠来祭祀他们。写联的人评价："合以少陵配长史"。"合"就是"完全应该"，完全应该把杜少陵和苏舜钦相媲美。因为苏舜钦最后做的一任官叫"湖州长史"，故称"长史"，这是上联。下联有感于人事沧桑，作者写了"万里流，风波太险"。其中两指：一是指大自然江河有风波，也是代指官场中有风波。所以"万里流，风波太险"。苏舜钦之所以买沧浪亭，是因为官场失意，被罢官隐居。他隐居在这儿，就因为官场风波太险。来到"此处""缁尘可濯"，就可以洗掉自己衣裳上的灰尘了。而这儿有林有泉，隐居在有林泉的地方逍遥，所以称"林泉自在"。"从知招隐胜游仙"，晋朝文学家左思有一首《招隐诗》，写他隐居的乐趣。从此我知道凡是隐居的隐士，胜似仙人。我们"把游方仙人"称作"游仙"。仙人四处云游也不如隐士隐居在林泉之中来得快乐。

❀ 看山楼

自从建成明道堂以后，为了弥补在沧浪亭上向西南看不到远处群山的不足，便在明道堂的西南角、翠玲珑的南面，盖了一座高耸的山楼。这个山楼很别致，底层是以山为基座，北有一洞，洞外题"印心石屋"，为道光御笔。楼，以山基做成了依山建筑。即一层是山洞，二层是山楼，再上层是楼阁。这是一个综合的组合式建筑形式，让人文景观的楼阁和自然景观的山洞紧相结合。它的磴道，用"廊"

覆盖，以避雨。故磴道即廊，而楼含亭韵，上面为阁。从楼上向西南远眺，群山历历在目。再向四下眺望，处处翠竹、绿树、红花。最好的观赏对象，除了远方的群山外，就是苏州南园的田园风光：绿畦成块，茅舍炊烟，牛背横笛，雉堞余晖。"看山楼"弥补了在沧浪亭看不到远山的不足，让远山尽入眼帘，成了最佳的"远借"手法。而从侧面看，又似一艘画舫，线条美观流畅。

❀ 御碑亭

循回廊而行，到回廊的西端，有一歇山半亭，称为"御碑亭"。康熙年间，康熙皇帝赐给当时在苏州做了十二年巡抚的吴存礼。碑上写的是："曾记临吴十二年，文风人杰并堪传。予怀常念穷黎困，勉尔勤箴官吏贤。"就是讲吴存礼在苏州做了十二年巡抚，颇有政绩，而我皇帝经常挂念着人民的疾苦，所以希望你规劝手下的官员，要做一个廉洁的官员。同时还赐了他一副对联："膏雨足时农户喜，县花明处长官清。"当时是农业社会，自然希望风调雨顺，农民丰收。下联"县花明处长官清"，晋朝的宋玉曾任县官，县境内种有很多的花树，开得非常茂盛，而宋玉为官也非常清廉，故称花开得越盛，长官就越是清廉。此亭与东首的闲吟亭相互呼应，更突出了沧浪亭的中心地位。

❀ 藕花水榭

进沧浪亭的大门，向右手转弯，出现了两个庭院。第一个即"藕花水榭"，它临水而筑。东西两首，还有两个小庭。门形一似秋叶，一如花瓶。东边院种的是竹，西边小庭种的是蕉。现在东边已经破坏了。匾额题作"藕花水榭"，为张之万所书。藕花乃荷花，别名还有莲花、水芙蓉、芙蕖、菖蒲等。临水的北窗，现已补种了荷花，使小榭名副其实。藕花水榭前的庭院，布局особ妙。其中用太湖石筑以花坛，兼有小山之感。花坛上种有绣球、金丝桃、南天竺、梅花和翠竹。庭院的两旁，有两棵乔木。东首为罗汉松，西首为扁柏，形成"岁寒三友"之景。庭院的花街铺地，是园林中的精品，用了两种鹅卵石，在黄色铺地上，用黑色鹅卵石铺成海棠花瓣。当中还有一幅"藕花水榭"景观图，它以淡红色衬底，用白色铺出藕的图案，上面一荷叶、一莲、一红荷花。此铺地堪称苏州园林中的上乘之作。尤其当雨水洗过这鹅卵石时，黄黑相间而烨烨有光。小庭用砖栏围廊，内外过渡分明。在此，冬天室内，春夏室外，落座品茶是绝佳之选。这里有一副对联。上联："散花梦醒论诗客"，出自佛经，佛陀说法，仙女散花。我们论诗的时候，也可以有花散下来。下联为"烧叶人吟读易窗"。书生在窗内，一边烧叶煮酒煮茶，一边手捧《易经》朗读，写出了文人的高雅。其上联有一个款式比较难认："岁在上章敦牂"就是庚午年，"上章"相当于天干的"庚"，"敦牂"是地支的"午"，出于《尔雅·释天》"太岁纪年法"，是我们古书中最早的纪年法，后来用的是天干地支纪年法，而我们现在所用的是外国进来的公元纪年法。这个小庭，不论是晴、是雨、是风、是雪，都可以小憩片刻，去体会它的境界。向它的东南角眺望，绿树如屏，高耸云霄，可以带来无限的快意。

❀ 锄月轩

从藕花水榭向西走，廊外又出现了一个半封闭的幽静的小庭，庭内植有海棠、翠竹、栀子、杜鹃。它向南向东的粉墙上，绿藤垂挂，一片翠绿。有三间小轩，曰"锄月

轩",颇宜品茗、饮酒、赋诗。锄月之名,源于元代诗人萨都剌的"自锄明月种梅花",月下种梅,那是一种特别优美的境界。其两旁的对联,上联"乐山乐水得静趣",下联"一丘一壑致风流"。"乐山乐水"的"乐"可以作名词,读如"yuè";作形容词,读"lè";作意动动词,读"yào"。"乐山乐水"源自于《论语》:"智者乐水,仁者乐山;智者动,仁者静;智者乐,仁者寿。"所以,我们常讲"见仁见智"就是根据个人的爱好。"一丘一壑",原本于辛弃疾的词句"一丘一壑也风流"。这两联实际上是集了文和词的句子,也道出了沧浪亭这个小轩的境界。它向内看,是封闭式的小庭;向北眺望,碧波荡漾,绿树成荫,石径粉墙。墙后是可园的花木竹树,竹树空间露出了蓝天白云,也是个绝佳的景观。而早先沧浪亭水中植有荷花,后遭毁弃。现在又恢复了旧景,更增添了情趣。

❀ 观鱼处

从沧浪亭大门顺复廊向东前进,走到东头尽处,有一亭临水而筑。这个亭,现在叫作静吟亭,俗称观鱼处。就是当初苏子美买下这块弃地所修的沧浪亭原址。他在《沧浪亭记》当中就讲到了:"遂以钱四万得之,构亭北碕,号沧浪焉。前竹后水,水之阳又竹,无穷极。"康熙三十五年(1691),由宋荦重修沧浪亭,把亭迁到了山上。但是,在水边仍旧保留了沧浪亭的原址。沧浪亭三面临水,外围以石栏,亭内围以砖栏。"静吟亭"匾后面有一个跋,跋上讲:"沧浪亭旧在北碕。康熙间,宋漫堂冢宰,移置山巅,县文待诏隶书'沧浪亭'额,经兵燹(xiǎn)不复存,岁癸酉重修山亭,仍其旧,于北碕别构一亭,因取苏学士诗意以静吟名之，亦以存故迹也。"亭内有苏州吴门书画家蒋吟秋先生隶书《沧浪亭记》全文。有对联一副：上联"共知心似水"，就是心如止水，如水般清澄、平静、透明。下联"安见我非鱼"，用《庄子·秋水》"安知我非鱼"的典故，正合这里的环境。这亭凸出水上，就是《秋水》中写的"濠濮间"，所以它佳于留园的"濠濮亭"。这也是沧浪亭水面最突出的一座建筑。

❀ 水廊

在"观鱼处"向西看去，它是复廊的外廊，蜿蜒曲折，走向"面水轩"。"面水轩"在绿树映掩中，临水而建，隐约可见。这一个回廊，是复廊的外廊，它以大弧度，向内收进，使沧浪亭外的水面显得特别开阔。一举两得，同时又可以使回廊延长了空间，蜿蜒曲折。向西看，看到长廊，看到山上的丛树，看到水面的隐约朦胧。向东原是

水廊

一片农田，可以远眺旭日东升，田野沉寂。可惜现在已经建有民居，不可复得了。沧浪亭复廊的外廊就是临水廊，它依石岸而建。石岸为黄石堆砌，参差高低，倍有情趣。到廊中部用高耸的山石，几乎与廊檐相齐，由上而下，藤萝漫挂。高耸之山石间，有诸多大小空隙。经过空隙，透过藤萝垂挂的绿帘，隐约可见波光水影，而山石再向西去，逐渐低下，水面又露。外廊的赏水过程似断似续、若隐若现、引人入胜的手法，更加增添了凌波廊观水的情趣。

❀ 闲吟亭

沧浪亭之东，有一亭，叫"闲吟亭"，竖立一块由乾隆写的碑刻。内容是江南受灾，他写了一首同情灾民的《七哀歌》。后来为了保护这块御碑，外加了一个玻璃框罩。恰巧形成了园林中的"模糊借景"。我们从这玻璃中反照的山亭来看，它具有几个特色。第一，画面集中，这幅山亭图以亭为中心。第二，因为它有外框，就能加以取舍。把框外山两边的景色全都舍弃掉了，只留着山和亭，具有"含蓄"的艺术特征。第三，它的层次又非常清楚。从亭外的山径，到山上的竹树、山岭、岭上的山亭……一望无底，深远无穷，体现了园林艺术的"深邃"特点。由于是虚借的形象，它可望而不可即，更加深了这一框景的深邃感。玻璃框原来的目的是想保护碑刻，而石碑又是黑的阴文底子，由黑色映衬的玻璃反光的图画，就带上了梦幻色彩。它又具有了园林美学上朦胧的特点。因此，这是一个绝佳借景范例，比真正的大玻璃镜美得多。玻璃镜太逼真，反而没有了诗意。

闲吟亭

❀ 闻妙香室

"闻妙香室"在沧浪亭的东南角。它两室相连,一纵一横,形成了比较别致的小室。向北是一个梅园,种满了梅树。向南有一丛翠竹,清香可闻。每当初春来临,梅花盛开,洁白如雪,故题为"闻妙香室"。沧浪亭的廊到这里穿室而过,再接着向西通往"明道堂"的回廊。所以,沧浪亭的廊,似断而续,似续而断,曲折蜿蜒,变化无穷。"闻妙香室"的主题是梅花,也就是春景所在。这儿有一副对联,上联是"自剪露痕,折尽武昌柳"。"自剪露痕",是说柳树上一早还有露水,我把它剪了下来。"折尽武昌柳",源于唐人"灞桥折柳送别"的典故。武昌是通衢大道,行人往往去折柳赠人送别,我折尽了武昌柳,就是说我交游甚广,经常在清晨剪带有露痕的柳枝,来赠送离别的好友。下联是"伊似明月,只寄岭头梅"。"伊"通"伊",即她,是对联中所指的一位女性,像明月那样皎洁。为什么"只寄岭头梅"呢?因为传说中讲月亮的魂魄坠落到地面,化为梅花,亦指梅花为月魂。所以像明月似的姑娘,只能寄代表月魄的梅花。"闻妙香室"第一个主室的南北有两个室外空间。向南为封闭空间,向北是开敞空间。开敞空间,山麓之下,种梅成林。第二室,南北有两个封闭庭院。南庭种的是山茶。透过花窗,又看见前面封闭的小庭院当中,植有几叶青蕉,形成了多层次的框景。向北,种的是瓜子黄杨。通过两扇漏窗,又让我们看到沧浪亭山上的竹树景色。视觉层次较多,相互流动,相互通畅。这一组小室与一般相对规整的轩室不同,真是别具风格,别有情趣。

❀ 清香馆

在沧浪亭环山建筑的西南角,有一个五开间向北的馆室,叫"清香馆"。"清香馆"的建筑比较别致:向南的一面是"五百名贤祠",建筑规模比较规整而宏大;向北就布置了"清香馆"。这个小馆也是五开间,因南墙不能透光,它以面北为主。在北庭用了个高超的造园手法,以弯曲的回廊,围在"清香馆"的外围,形成了半圆形的小庭,庭内种古桂四棵。在"清香馆"的东边也有数株桂花,故名为"清香馆"。馆中有 副对联和 幅画,联口"月中有客曾分种，世上无花敢斗香"。所谓"月中有客"，指神话里月中"吴刚伐桂"的故事。在我们古老的传说中，月宫中的桂花，每当中秋节的午夜，它就结子坠落到人间。谁能拾到月中的桂子，那么他将是无比幸福的。我们人间的桂树都是月中桂子的再生，所以说"月中有客曾分种"。白居易的《忆江南》三首词，第二首就讲到了这一境界："江南忆，其次忆杭州。山寺月中寻桂子，郡亭枕上听潮头。""山寺月中寻桂子"即指这一典故。中秋节的午夜，在月光之下，去山中寻找月宫中坠落的桂子。"月中有客曾分种"便体现了这种意境。"世上无花敢斗香"，是指世上是没有花再比桂花香了。而其中画的一幅画，正是一树金桂，配以变色的秋叶，非常点题。每到秋季，半圆形的回廊一侧围成的小庭，桂香扑鼻。回廊用漏窗粉墙相分隔，一是延长了回廊的长度。二是由漏窗分出的半圆形庭院，显得特别幽静。同时每一幅漏窗，都是一个极佳的框景，从中可以看到园中的山水景观。清香馆的门是东西开的。室内陈设了一套榕树根的家具。有榻，有几，有椅，有凳，有桌。这一套家具只供欣赏，实用价值并不太大。

❀五百名贤祠

沧浪亭中有两个规整式的，比较宏大的建筑，除"明道堂"外，就是"五百名贤祠"。一说是苏公祠原址。"五百名贤祠"供奉了苏州籍和跟苏州有关的五百九十四位古代名人。从吴国的泰伯、仲雍、季札，一直到清朝的林则徐、梁章钜，都分列其中。"五百名贤祠"中有一匾，题为"作之师"。在"五百名贤祠"当中有四个大字，叫"景行唯贤"，是《千字文》中的句子，出于《诗经·大雅·车辖》。原

五百名贤祠

句是"高山仰止,景行行止"。所谓"景行行止",就是宽广的大路,都可以走到头。"高山仰止",再高的山,也能看到顶。五百名贤祠的西边,立有一亭,名为"仰止亭",正跟这个"景行行止"相呼应。"仰止亭"上有文徵明的肖像石刻,是乾隆年间苏州名士沈德潜拿着文徵明的肖像,请求乾隆题诗。乾隆题了一首七律:"飘然巾帻识吴侬,文物名邦风雅宗。乞我四言作章表,较他前辈庆遭逢。生平德艺人中玉,老去操持雪里松。故里遗祠瞻企近,勖哉多士善希踪。"颂扬了文徵明的为人。"仰止亭"是一个依墙而筑的攒尖半亭,与这庄严的"五百名贤祠"相呼应。祠前是封闭空间,种有芭蕉和海棠,再前面是一片竹林。在"五百名贤祠"前面的回廊上还刻有"生公石上论诗图""沧浪亭小坐图"和"五老图"等碑刻图文。"五百名贤祠"

外廊上有一副长联。上联为"千百年名世同堂,俎豆馨香,因果不从罗汉证"。所谓"千百年"就是列代以来。"名世同堂"即指里面的五百九十四位名人,他们同聚一堂。后人为了崇景他们,经常来瞻仰。"俎豆"是盛有祭品的祭器,"因果不从罗汉证",从佛经上讲,就是由普通的僧人修成罗汉,但是这里的名贤不是僧人,也能修炼成正果的。下联"廿四史先贤合传,文章事业,英灵端自让王开"。"廿四史"就是指中国的二十四史,一部完整的历史。从前古人讲我们的第一,就是"文章事业","英灵之辈"不是后来才有。从吴国的开国国君就有了"英灵之辈",一直至今。"让王"就是禅让之王,点出了吴国国君三让王位的故事。吴国的第一个国君应该是泰伯,他是大哥。不愿意做国君,就让给二弟虞仲。虞仲也不做,再让给三弟季历。泰伯与仲雍避位江南,泰伯成了吴国的开国国君。所以,苏州有泰让桥、泰伯庙,常熟有虞山,都是为了纪念吴国的圣贤之辈的。

❀仰止亭

"仰止亭"有一副对联为集句联,上联为"未知明年在何处",下联为"不可一日无此君"。上联源于宋王禹偁写的《黄冈竹楼记》:"四年之间,奔走不暇,未知明年又在何处,岂惧竹楼之易朽乎?"王禹偁被降职到黄冈做知州,他在黄冈内城的西北角城边上建了两间竹楼,他感受到了竹楼的妙处。文章里有这么一段:"夏宜急雨,有瀑布声;冬宜密雪,有碎玉声。宜鼓琴,琴调虚畅;宜咏诗,诗韵清绝;宜围棋,子声丁丁然;宜投壶,矢声铮铮然,皆竹楼之所助也。"因为竹楼是架空的,形成了物理上的共鸣。他还写了竹楼的美景,所以他特别喜欢这一竹楼。最后他写道:"宦

海浮沉，身不由己。"我不知道明年又要到什么地方去了？这是对竹楼的赞美。下联出自刘义庆的《世说新语·任诞》。王羲之有九个儿子，第三个儿子叫王徽之，字子猷，是落拓不羁的名士。有一次，他借住在朋友家里，第二天就叫手下的童仆去种竹，童仆说："先生，借住人家的房子，何必要种竹子呢？"他啸咏良久，最后说了一句名言："何可一日无此君。"故我们对竹，都称为"此君"。竹做成的竹联，称"此君联"，这是最早歌颂竹的名句。后来才有了苏东坡的"宁可使食无肉，不可使居无竹。无肉使人瘦，无竹使人俗"。到了清朝，"扬州八怪"之一的郑板桥喜画兰竹，竹象征了人的品质和风格，因而文人爱竹，显示了其精神和情操。

沧浪亭

　　沧浪亭，是沧浪亭这个园林的主题，也是它的中心建筑。沧浪亭原来建筑在水的南岸，面向北。苏舜钦在《沧浪亭记》中讲到了"予爱而徘徊，遂以钱四万得之。构亭北碕"，就是在山北的石岸上筑了沧浪亭。"前竹后水，水之阳又竹，无穷极。"介绍了水的北岸，即阳岸，全部是竹林。这亭一直到康熙三十五年，江苏巡抚宋荦修整时，迁移到了山顶上来。亭还是面向北，有匾额和楹联。在修亭之前，匾额原来是文徵明写的，后来经过战火，就不复存在了。一直到道光年间，江苏巡抚福建长乐人梁章钜复修该亭。社会上很多人送来了沧浪亭的对联。梁章钜身为文学家，只看中无锡金匮县县令齐梅麓写的"四万青钱，清风明月本有价；一双白璧，诗人名将古无俦"一联，但以为"'一双白璧'四字稍嫌装点"，仍不满意，便从《沧浪亭志》中集了一联。上联是欧阳修写给苏舜钦《沧浪亭诗》中的句子"清风明月本无价",下联是苏舜钦写的《出盘门》诗中的句子"近水远山皆有情"。梁章钜把两位著名诗人的诗句集成了沧浪亭对联,正是写出了沧浪亭的主题,成了闻名遐迩的集句联。一般来说,凡是挂匾、联都是向南,而这一副对联和匾额是向北,它原来是面水的,迁到山顶,保持了原来的方位,所以仍旧向北。

梁章钜集联以后,自己想写,不过写了几次,都觉得写不好,最终没有写成。匾额后由俞樾补写"沧浪亭"隶书三字。现在有一说,这副对联是俞樾写的,但不可靠。因为在《沧浪亭志》中就写清楚了"佚名"。这亭是仿照了宋朝的建筑风格,亭的斗拱只架一层。清代要多到三四层。修沧浪亭的时候,有了两层斗拱。这是个方形亭,以粗糙石料为柱和梁,是方柱方梁,歇山式,颇有特色。因为是歇山亭,亭顶上的正脊采用镂空彩云式,另有两个垂直脊,末端不到亭沿,仅至三分之二处,向南雕了两个狮子,一公一母,向北雕了一凤一凰。在正脊和垂直脊的四十五度角上,又有一分脊,于中段雕有石榴、桃、佛手。末端向上翘起"戗角"。中国古典建筑的屋面较大,故以四根方形石柱为支撑,形成了力的均衡。檐口垂直的部分,与外围石栏相垂直,使沧浪亭显得更加匀称、平稳,不因其大屋顶、三重脊而显得沉重。亭的建筑艺术非常高妙,石栏既使亭平稳,又不暴露石柱的根脚,使亭显得端庄。方柱、方梁、方栏都是粗糙石面,更显得古朴、大方。所以说沧浪亭是全国名亭中屈指可数的,即使与长沙的"爱晚亭"、滁州的"醉翁亭"相比也毫不逊色,甚至有过之而无不及。

沧浪亭摆在山顶上是宋荦的一个巧妙构思，比在水边上更好。宋荦于康熙三十五年修亭，当时亭的南面没有明道堂，没有见山楼。所以，登到山顶，进入亭中，向北望去就是作为园界的一条清溪，波光粼粼；向南望去，是苏州的南园，一派农田风光，没有任何建筑。农田一直到城墙边上，再往前就看到女墙，即雉堞。城内有一塔高耸——瑞光塔，城外青山历历在目，连绵不断。当时可以看到上方山的浮屠、寺院。明代计成在《园冶》中写了造园的原则，八个字"巧于因借，精在体宜"。苏州著名园林，以沧浪亭最有特色，最符合造园的原则。苏州其他的园都是用围墙封闭，所以园外不能看到园内，园内也不能看到园外。唯有沧浪亭，它向北是以河为园界，毫无阻挡，所以两岸眺望园内园外融为一体。更有妙者，沧浪亭对面有可园。可园虽然是封闭园，粉墙上缘露出竹树蓝天白云，也是一幅借景佳作，所以近借水借得非常之好。向南呢，完全是南园的平旷农田，登楼眺望，不仅可以看到远处的群山，有时夕阳西下，还看到田陌的牧童骑在牛背上横吹短笛的图画。沧浪亭是江南园林中因借手法的典型。不过，现在城市在不断地发展，园林的外环境受到了破坏，不再有当时的胜景。

❀ 步碕亭

从明道堂向西，回廊曲折，再向前走，廊路渐趋陡峭，称为"爬山廊"。于最高处，有一半亭，曰"步碕"，"碕"就是弯曲的石岸。高陡石岸的北面，下有一池，也就是沧浪亭园内唯一的水池。这一汪水，与园外之水呼应。池边有篆书二字："流玉"。源于唐司空图《二十四诗品》"杳霭流玉"，为清朝著名学者俞樾所题，点明了这一池碧水，

沧浪亭

比为一块碧玉,当微风吹动池水,就像一块流动着的绿玉,题名十分确切。如果要为这个池命名的话,叫"流玉池"未尝不可。"步碕亭"向南,有一段陡峭的路,跟清香馆西北的回廊衔接,通往"五百名贤祠"和"仰止亭",用廊连成一体,即宋荦《重修沧浪亭记》中写的通向"苏公祠"的回廊了。

二、诗文选

❀沧浪亭记

宋·苏舜钦

　　予以罪废,无所归。扁舟南游,旅于吴中,始僦舍以处。时盛夏蒸燠,土居皆褊狭,不能出气,思得高爽虚辟之地,

以舒所怀，不可得也。

一日过郡学，东顾草树郁然，崇阜广水，不类乎城中。并水得微径于杂花修竹之间。东趋数百步，有弃地，纵广合五六十寻，三向皆水也。杠之南，其地益阔，旁无民居，左右皆林木相亏蔽。访诸旧老，云："钱氏有国，近戚孙承祐之池馆也。"坳隆胜势，遗意尚存。予爱而徘徊，遂以钱四万得之，构亭北碕，号'沧浪'焉。前竹后水，水之阳又竹，无穷极。澄川翠干，光影会合于轩户之间，尤与风月为相宜。予时榜小舟，幅巾以往，至则洒然忘其归。觞而浩歌，踞而仰啸，野老不至，鱼鸟共乐。形骸既适，则神不烦，观听无邪，则道以明；返思向之汩汩荣辱之场，日与锱铢利害相磨戛，隔此真趣，不亦鄙哉！

噫！人固动物耳。情横于内而性伏，必外寓于物而后遣。寓久则溺，以为当然；非胜是而易之，则悲而不开。惟仕宦溺人为至深。古之才哲君子，有一失而至于死者多矣，是未知所以自胜之道。予既废而获斯境，安于冲旷，不与众驱，因之复能见乎内外失得之源，沃然有得，笑傲万古。尚未能忘其所寓，用是以为胜焉！

❀ 沧浪亭记
明·归有光

浮图文瑛，居大云庵，环水，即苏子美沧浪亭之地也。亟求余作沧浪亭记，曰："昔子美之记，记亭之胜也，请子记吾所以为亭者。"

余曰："昔吴越有国，时广陵王镇吴中，治园于子城之西南，其外戚孙承祐，亦治园于其偏。迨淮海纳土，此园不废。苏子美始建沧浪亭，最后禅者居之，此沧浪亭为大云庵也。有庵以来二百年，文瑛寻古遗事，复子美之构于荒残灭没之余，此大云庵为沧浪亭也。

夫古今之变，朝市改易。尝登姑苏之台，望五湖之渺茫，群山之苍翠，泰伯、虞仲之所建，阖闾、夫差之所争，子胥、种、蠡之所经营，今皆无有矣，庵与亭何为者哉？虽然钱镠因乱攘窃，保有吴越，国富兵强，垂及四世，诸子姻戚，乘时奢僭，宫馆园囿，极一时之盛。而子美之亭，乃为释子所钦重如此。可以见士之欲垂名于千载之后，不与澌然而俱尽者，则有在矣。"

文瑛读书喜诗，与吾徒游，呼之为沧浪僧云。

❀重修沧浪亭记
清·宋荦

余来抚吴且四年，蕲与吏民相恬以无事，而吏民亦安。余之简拙，事以寖少，故虽处剧而不烦。暇日披图乘，得宋苏子美沧浪亭遗址于郡学东，偏距使院仅一里而近，间过之，则野水潆洄，巨山颓仆，小山聚黟于荒烟蔓草间，人迹罕至。予于是呕谋修复，构亭于山之巅，得文衡山隶书沧浪亭三字揭诸楣，复旧观也。亭虚敞而临高，城外西南诸峰，苍翠吐欲，檐际亭旁，老树数株，离立拏攫，似是百年以前物。循北麓，稍折而东，构小轩曰自胜，取子美记中语也，迤西十余步，得平地，为屋三楹，前亘土岗后环清溪，颜曰观鱼处，因子美诗而名也。跨溪横略彴以通游屐，溪外菜畦居民，相错如绣。亭之南，石凳陂陀，栏循曲折，翼以修廊，颜曰步碕，从廊门出，有堂翼然，祠子美木主其中，而榜其门曰苏公祠，则仍旧屋而新之。予暇辄往游，杖履独来，野老接席，鸥鸟不惊，胸次浩浩焉、

落落焉，若游于方之外者。或者疑游览足以废政，愚不谓然。夫人日处尘坌，困于簿书之徽墨，神烦虑滞，事物杂投于吾前，憧然莫辨，去而休乎清冷之域，寥廓之表，则耳目若益而旷，志气若益而清，明然后事至而能应，物触而不乱。常诵王阳明先生诗曰：中丞不解了公事，到处看山复寻寺。先生岂不了公事者，其看山寻寺，所以逸其神明，使不疲于屡照，故能决大疑，定大事，而从容暇豫如无事。然以余之驽拙，何敢望先生百一，而愚窃有慕乎此；然则斯亭也仅以供游览欤。亭废且百年，一旦复之，主守有僧，饭僧有田，自是度可数十年不废。嗟呼，当官传舍耳，余有时而去，而斯亭亡恙，后之来者，登斯亭岂无有与余同其乐而谋所以永之者欤？子美事详《宋史》，与兹亭之屡废兴亡别有记者皆不书。经始以乙亥八月落成，以明年二月买僧田七十亩有奇，并著之碑阴，令后有考，康熙三十五年仲春。

❀ 沧浪亭

宋·苏舜钦

> 一径抱幽山，居然城市间。
> 高轩面曲水，修竹慰愁颜。
> 迹与豺狼远，心随鱼鸟闲。
> 吾甘老此境，无暇事机关。

❀ 沧浪亭

宋·欧阳修

> 子美寄我沧浪吟，邀我共作沧浪篇。
> 沧浪有景不可到，使我东望心悠然。
> 荒湾野水气象古，高林翠阜相回环。

新篁抽笋添夏影，老桢乱发争春妍。
水禽闲暇事高格，山鸟日夕相啾喧。
不知此地几兴废，仰视乔木皆苍烟。
堪嗟人迹到不远，虽有来路曾无缘。
穷奇极怪谁似子，搜索幽隐探神仙。
初寻一径入蒙密，豁目异境无穷边。
风高月白最宜夜，一片莹净铺琼田。
清光不辨水与月，但见空碧涵漪涟。
清风明月本无价，可惜只卖四万钱。
又疑此境天乞与，壮士憔悴天应怜。
鸱夷古亦有独往，江湖波涛渺翻天。
崎岖世路欲脱去，反以身试蛟龙渊。
岂如扁舟任飘兀，红蕖绿浪摇醉眠。
丈夫身在岂长弃，新诗美酒聊穷年。
虽然不许俗客到，莫惜佳句人间传。

❀贺新郎·陪履斋先生沧浪看梅

宋 吴文英

乔木生云气。访中兴、英雄陈迹，暗追前事。战舰东风悭借便，梦断神州故里。旋小筑、吴宫闲地。华表月明归夜鹤，叹当时、花竹今如此。枝上露，溅清泪。

遨头小簇行春队，步苍苔、寻幽别墅，问梅开未？重唱梅边新度曲，催发寒梢冻蕊。此心与、东君同意。后不如今今非昔，两无言、相对沧浪水。怀此恨，寄残醉。

一、景　说

网师园为苏州诸园中较完美的第宅园林,位于苏州带城桥阔家头巷。原为南宋吏部侍郎史正志万卷堂旧址,后归宋宗元、瞿远邨所有,加以修缮。最后的园主为何亚农(澄)。其格局是东宅西园,宅纵园横,规划精整。

❀住宅

第宅大门,有门簪、抱鼓石、高门槛、照壁,为一、二品官宦人家之规格,称阀阅之家。宅的门厅用阔廊与轿厅相连,成工字形,廊东西室外空间叫"蟹眼天井"。东有石额"锁云",王文治题;西有"鉏月"(鉏,名词,锄头,用如动词),冯桂芬题。轿厅用屏门相隔,有匾为"清能早达"。屏风画有劳思"网师园图",门后是大厅"万卷堂",三明两暗。庭植玉兰两株。面对大厅的门额精美,饰有砖雕斗拱、檩条和栏杆,中书"藻耀高翔",左雕"渭水访贤",右雕"郭子仪上寿"。厅内有柱联:"南宋溯风流,万卷堂前,渔歌写韵;莳溪增旖旎,网师园里,游侣如云。"再后为内厅撷秀楼,俞樾书并跋。跋云:"少眉观察世大兄于园中筑楼,凭槛而望,全园在目,即上方浮屠尖亦若在几案间,晋人所谓千崖竞秀者,俱见于此。"因以撷秀名楼。庭植金桂两株。玉兰、金桂,乃喻金玉满堂。园门在轿厅西侧,门额题"网师小筑",其背题"可以栖迟"(《诗经·陈风·衡门》)。此处为网师园水系之源,涧上架小拱桥,名"引静"。桥小,不见其涧窄,涧窄不显其桥小,相互得体。有廊西通"小山丛桂轩"。

撷秀楼

❀ 小山丛桂轩

秋景。轩通透明亮，四周匝种桂花。轩前太湖石，轩后黄石，如处幽谷。黄石为"云冈"，成平远山水意境，亦为园之障景。秋季花开，小轩蕴郁幽香，久而不散。轩中有联："山势盘陀真是画；泉流宛委遂成书。"西有"蹈和馆"，为宴客之所。再西是"宜春簃"。

❀ 宜春簃

"簃"解释为"周垣"，即四周有墙的庭院。有堂称露华馆，前庭后院。庭中有牡丹台，为春季观赏牡丹、芍药处。

❀ 樵风径

走廊转向北，形成瓶颈，门额题"樵风径"，句出宋之问"归舟何虑晚，日暮有樵风"。山径利用空气对流，来去均清风扑面，此处为转景，进入网师园的大空间。

❀ 濯缨水阁

夏景。小阁纤巧玲珑，坐南朝北，高架水上，面对彩霞池，清风徐来，凭栏可观荷赏鱼。且可作戏台，与水面产生共鸣，乃天然之音箱。室内有联"曾三颜四；禹寸陶分"。上联出自《论语》，"曾"指曾参，曾子："吾日三省吾身：为人谋而不忠乎？与朋友交而不信乎？传不习乎？""颜"是颜回，向孔子问"仁"，子曰："克己复礼。"颜回又问如何做到？孔子回答："非礼勿视，非礼勿言，非礼勿听，非礼勿动。"意为立德。下联出自《晋书》，晋陶侃说："古人大禹为治水十余年，三过家门而不入，珍惜寸阴；今人（陶侃）要爱惜分阴。"意为惜时，系扬州八怪郑燮手笔。阁东为假山云冈，以黄石大斧劈皴，体现"水低白云近，天高青山远"之诗意。阁纤巧，山浑厚，相互映衬。云冈原有数百年的二乔玉兰，于数年前高热枯死。

濯缨水阁内有一说明牌，把"沧浪"歌说成"诗"，此为一错（说明牌中英文翻译是正确的，是song，没有因错就错翻译为poem）；把"沧浪之水清兮，可以濯我缨"写为"可以濯吾缨"，古代"我"字一般不用做主语，"吾"字一般不用做宾语，此为二错；把"《孟子》"写为"孟子"《孟子》是一本书，而孟子是一个人，此为三错，至今未见更正。

❀ 月到风来亭

网师园的典型代表景点是月到风来亭，夜景。再现北宋邵雍《清夜吟》"月到天心处，风来水面时。一般清意味，料得少人知"之意境。客观四清：天、月、风、水；主观四清：身、心、神、意。乾隆题圆明园多稼轩十景之互妙楼："楼之妙在纳山，山之妙在拥楼。映带气求，互妙相生。""映带"是讲楼与山在外形上的相互映衬；而"气求"则是讲山与楼在气势上的贯通。这句话实则是山与楼即园林两要素之间结合的美学原则，网师园的月到风来亭完全符合于这一原则。把楼改成亭，把山改成水，套用乾隆的评语："亭之妙在纳水，水之妙在拥亭。"那么亭与水也就"映带气求，互妙相生"。月到风来亭之所以是著名的代表景点，因为它不仅有深层次的哲学内涵，还有符合美学原则的外形。另有竹抱柱联（此君联）："园林到日酒初熟；庭户开时月正圆。"匾联互映，相得益彰。它必然成为苏州园林的精粹，是苏州园林代表作。

从彩霞池东的半山亭望向月到风来亭，两面漏窗，中有似一矩形洞门，仿佛通往另一处园景，其实是一面大镜，恰好映照出观景者所在的对面景观。此处景观常令游客产生错觉，皆因镜子的角度所致。笔者建议把镜面向左略微倾斜几分，观景者在镜中就看不到自己的身影，镜中无人，加之两边有两面真窗，自然就产生了对面是另一扇园门的错觉，颇有意趣。

彩霞池的北岸有两处建筑——

看松读画轩

❀ 看松读画轩

　　冬景。庭有南宋近九百年遗物，老柏一株，其他有白皮松、罗汉松、马尾松等。轩后窗下，有梅花数枝。有联："满地绿荫飞燕子；一帘晴雪卷梅花。"上联写春光，下联写雪梅。下联用动感写晴雪梅花：卷帘的过程，晴雪梅花图慢慢地呈现。景美，联更美。轩东窗外是小院，有山石花木；轩西有耳室用屏门隔开，使轩的东面与西面，形成虚与实、明与暗、景与画的对称。耳室有联"天心资岳牧；世业重韦平"，清陈鸿寿书。中堂为梅树一干，无署名。老树遒劲，铁划银钩，疑是金农手笔。

　　看松读画轩向东——

竹外一枝轩

❀ 竹外一枝轩和集虚斋

春景。集虚斋室内有苏州画家吴𣏌木屏风画"深竹风开合，寒潭月动摇"。小院内，有翠竹两丛，竹外一枝轩槛外池边，原种有桃花。笔者向花木技师请教，他引用"竹外桃花三两枝"诗句。我说："竹外一枝斜更好"为东坡梅花诗。现改种春梅一树，近三十年，花繁叶茂，颇为点题。

经过射鸭廊，射，投也；鸭，壶之形，是古人的一种游戏：投壶。廊西有黄道周书《刘招》书条石。

✿ 半山亭

　　朝景。与月到风来亭隔池相望。半山亭为歇山半亭，倚撷秀楼而建，此亭乃是看晨景的地方。池的四周景色和蓝天白云尽收池中，由东向西望，因园、因时、因地制宜，我们不由得从内心赞叹园林设计家造园的高妙了。

　　围绕彩霞池：西有月到风来亭（晚）；东有半山亭（晨），北有看松读画轩（冬）、竹外一枝轩（春），南有小山丛桂轩（秋）、濯缨水阁（夏），四季早晚景色俱全。笔者写七律一首：

　　　　　园林诗酒自娱情，日涉网师心气平。
　　　　　竹外一枝春色好，濯缨水阁夏时清。
　　　　　小山丛桂秋香暗，读画看松冬雪莹。
　　　　　更喜殿春红芍药，不图富贵不争名。

✿ 彩霞池

　　网师园是一座近水园，以彩霞池为中心。周岸环以建筑，池面开阔虚旷，理水的手法以小见大：其水系从东

彩霞池

南到西北，是一条对角线，为最长线，故水系为"长"。源头到引静桥是曲涧，桥下有石刻"槃涧"二字，系宋时物，为水体的第一段；小桥外，是彩霞池主体，开阔空敞，六座建筑环水，为水体的第二段；其西北有一曲桥，桥外为一水湾，为第三段，即水尾。首尾呼应，气势贯通。曲桥划分水面，池大湾小，形成大小对比，故水体为"大"。站在曲桥上向东南望去，引静桥很小，这是运用透视学"近大远小"的原理，让我们感受到水面"深远"。彩霞池仅半亩，游园者感觉到池的开阔深远，有"纳千顷之汪洋，收四时之烂漫"境界。以小见大是造园的基本手法。

  网师园的彩霞池以两座桥划分水体，源头山涧，结尾水湾，中间是广阔的水池。除了运用主要的三个手法使其长、阔、深远，其他如近水建筑，东西两亭及濯缨水阁，形体较小且纤巧，让人感觉不到对水池的压缩；还在建筑底部开凿水穴，建筑则高架水上，水波浩渺；在云冈崖道处，

网师园 | 四三

亦高架石梁，扩宽水面，山水相连，体现近水园的无限境界。

❀ 殿春簃

网师园的殿春簃是观赏芍药的景点，有"殿春簃"匾额。香岩（李鸿裔）老人书跋："前庭隙地数弓，昔之芍药圃也，今约补壁，以复旧观。"宋人有诗："一声啼鴂画楼东，魏紫姚黄扫地空。多谢化工怜寂寞，尚留芍药殿春风。"芍药花在春天的最后开放。有人误把"化工"写为"花工"，此处"化工"指大自然造化之工，而非园林中之花工。

"簃"是"高楼旁矮小的房屋"。按正常季节，芍药要到立夏才开，为何要讲在最后的春风里开放？在江南的苏州，春秋两季逗留的时间较长。"若到江南赶上春，千万和春住。"立夏季节其他地方已是夏天，而江南的春天仍未走开。故云："尚留芍药殿春风。"现在芍药花真的在春风里开了。以前屋壁有一首芍药诗："醉红如坠珥，奈此恼人香。政尔无言笑，未应吴国亡。"诗人用三个比喻讲芍药花的美，花像喝醉酒的女子脸上的红光；又像美女用珠玉做成的耳环，十分夺目；更把芍药比成四大美人的西施，"政"是禁止的意思，"尔"指西施。如果禁止西施"无言笑"，说不定吴国还不会灭亡。芍药在诗人的笔下，变得更加美了。

殿春簃是一座庭园，相当典型。在矩形空间，于五分之二处建造三大两小的主体建筑，划分出一大一小的两个室外空间：屋前向南为开敞的大空间，屋后向北为封闭的小空间。屋前大的庭院，倚墙筑山，西墙建攒尖半亭冷泉亭，与殿春簃成犄角呼应。杭州飞来峰有冷泉亭，峰下涧

殿春簃庭院

水寒澈，故名。殿春簃内的山水亦有以小见大的高妙手笔。其西南有深谷，谷底为涵碧泉，原本疑其已经无路。拾级而下，至谷底泉边，才能发现崖泉之间，有一小道，通向峰峦之后。顺路而行，至东南之峡谷外出，豁然开朗。完全是陆放翁"山穷水复疑无路，柳暗花明又一村"的诗情画意。能在咫尺之地，重现大自然的山水境界，以小见大，妙趣无穷。正对殿春簃，南面一石峰，峰后有路右通涵碧，左通峡谷。庭院入口的左手，是山岭一座，下有山洞。屋前的大空间西、南、东三面墙壁山峦环绕，有峰有谷，有峡有岭，脉络分明，气势贯通。屋后的狭小空间，仅叠石栽树、种竹，形成殿春簃北窗的框景，故谓衬景，亦是藏景。

特别值得一提的是，在园林中，墙与墙交汇之处为隅，不宜露死角，欲产生景色无尽之感，经常用补隅手法处理。殿春簃小院东南角原为九十度直角，显现出园林空间的尽头，经笔者建议，以一块山石补隅，愈显山之气势。

在殿春簃内，向北面三个大窗看，露出藏在屋后封闭空间的三幅框景：蕉、竹、梅，是藏中有露的造园手法。走到室外的开敞空间，涵碧泉藏于谷底，山路藏于峰后，而山洞则藏在岭中，这是露中有藏的造园手法。藏中有露的是蕉（室内楹联"巢安翡翠春云暖；窗护芭蕉夜雨凉"）、竹（"竹摇清影罩幽窗"）、梅（"暗香浮动月黄昏"），均是诗情画意；而露中有藏的是藏泉于谷、藏路于峰、藏洞于岭。三露三藏，手法令人叫绝。藏中有露，露中有藏，叫藏露得宜律。

网师园的殿春簃庭园倚墙筑山，环绕西、南、东三面，东面到门的入口处，一岭高耸，形成断层。殿春簃从室内到庭院之间有一个平台，再向前才是庭。"庭"解释为"堂阶前"，即"堂前阶下之地"。这个平台是室内空间到室外空间的过渡，也是衔接室内外的空间。这是大过渡。在室与台之间有廊（灰空间），台与庭之间有阶，是两个小过渡（衔接）。在台与庭之间的阶，不是一块方整的阶石，而是一块自然的太湖石。有一次游园，遇见一位南师大地理系的老师，谈到园林中山的布局要"山有脉"。笔者指出入口处山岭断层，与平台前的阶石相呼应，形断意连，是点睛之笔。这块当成阶石的太湖石，它的实用性功能是阶石，而更为重要的是它的艺术性功能：是整个山体的余脉。他完全赞同我的看法，还认为有时候艺术和科学是相通的。

我进一步讲解：阶石说成山的余脉，是实指；同时，它还是诗的余韵、曲的余音，这是虚指。他讲：把一块阶石讲成三个东西，太好了。只有进入园林的精髓，融入园林的魂魄，才能窥见其高妙之处。我又乘兴发挥：欣赏这块"余脉"后，还有三个"余"。他问：还有哪三个？我回答：余情未了，余意未尽，余味无穷！数十年来，我与园林，情深意浓，趣味隽永，成为知己，难舍难分了。

20世纪30年代，张善孖、张大千兄弟曾寓居网师园，善孖先生曾饲一幼虎，先生擅画虎，自称虎痴。小虎死后，埋葬于此。三十年后，大千先生为小虎题写墓碑："先仲兄所豢虎儿之墓。"后面有园林局的一段跋语原文为："大千居士昔年随兄善孖先生卜居斯园大风堂，人文荟萃，拯一时之盛。善孖先生擅画虎，有虎痴之誉。堂饲一幼虎，号之虎儿，虎儿死后，即葬是处。事隔五十年，大千先生怀念旧居，寄情虎儿，为题墓碑，自台湾辗转，遥寄苏州，故国之思，溢于言表。"

大千先生是从台湾寄的墓碑题文，而不是从巴西或美国寄的，用"故国"是完全错误的，应该用"故园"。用故国就成了台独了。当时称殿春簃为大风堂，是兄弟画室，为该园存留一文化遗迹。

1979年，美国纽约大都会艺术博物馆馆长阿斯特夫人访华，来网师园，看了殿春簃，赞不绝口。她要求在美国建造一个，后又要求先造个样品，满意了，再去美建造，至今这个样品还留存在苏州东园。这是中国古典园林第一次出口，为国外造园，造成后叫"明轩"。

琴室

园南有一处封闭空间，二屋一院。院内有半亭，名"琴室"。屋门额曰:"铁琴。"

此为琴棋区。南墙用云头皴堆砌嵌壁假山一座,据云为戈裕良手笔,山势雄浑,在半亭弹一曲高山,更加深了琴声与假山的融合,产生园林中最好的艺术境界。

❀园东

有五峰书屋,再东为梯云室庭院。有月洞门题名"云窟"。梯云室庭院均为云头皴假山,以五峰书屋东墙的楼阁山为主峰,可由山登楼。东南有次峰与之呼应。院中诸峰,似朵朵白云,从云窟飘出,再现了"云无心以出岫"的意境。

网师园室外空间分隔使园的完整结构分南北两线:北面为单线,从殿春簃、看松读画轩、竹外一枝轩到五峰书屋是主人的书画区,面对的是室外开放空间。南线为复线,是宴乐区。内一线从月到风来亭(南北线的过渡)、濯缨水阁、小山丛桂轩到蹈和馆,是半开放空间。其间用粉墙、漏窗分隔为封闭空间的琴室为外一线。规划之妙,实为经典。

二、文　选

❀网师园记

清·钱大昕

古人为园以树果,为圃以种菜。《诗》三百篇言园者曰"有桃有棘、有树檀",非以侈游观之美也。汉魏而下,西园冠盖之游,一时夸为盛事,而士大夫亦各有家园,罗致花石,以豪举相尚,至宋而洛阳名园之记传播艺林矣。然亭台树石之胜,必待名流燕赏、诗文唱酬以传,否则辟疆驱客,徒资后人嗤噱而已。吴中为都会,城郭以内宅第

骈阗，肩摩趾错，独东南隅负郭临流，树木丛蔚，颇有半村半郭之趣。带城桥之南，宋时为史氏万卷堂故址，与南园、沧浪亭相望。有巷曰网师者，本名王思，曩卅年前，宋光禄悫庭购其地治别业，为归老之计，因以网师自号，并颜其园，盖托于渔隐之义，亦取巷名音相似也。光禄既殁，其园日就颓圮，乔木古石，大半损失，惟池水一泓，尚清澈无恙。瞿君远村偶过其地，惧其鞠为茂草也，为之太息，问旁舍者，知主人方求售，遂买而有之。因其规模，别为结构，叠石种木，布置得宜，增建亭宇，易旧为新。既落成，招予辈四五人谭宴，为竟日之集。石径屈曲，似往而复，沧波渺然，一望无际。有堂曰梅花铁石山房、曰小山丛桂轩，有阁曰濯缨水阁，有燕居之室曰蹈和馆，有亭于水者曰月到风来，有亭于崖者曰云冈，有斜轩曰竹外一枝，有斋曰集虚，皆远村目营手画而名之者也。地只数亩，而有纡回不尽之致；居虽近廛，而有云水相忘之乐。柳子厚所谓"奥如旷如"者，殆兼得之矣。园已非昔，而犹存网师之名，不忘旧也。予尝读《松陵集·赋任氏园池》云："池容澹而古，树意苍然僻。不知清景在，尽付任君宅。"辄欣然神往，今乃于斯园遇之。予虽无皮、陆之诗才，而远村之胜情雅尚，视任晦实有过之，爰记其事，以继"二游"之后，古今人何渠不相及也。乾隆六十年，岁在乙卯五月五日乙卯夏至。赐进士出身、诰授中宪大夫、日讲起居注官、詹事府少詹事、尚书房行走钱大昕撰并书。

❀ 网师园记

清 · 诸廷璋

吾戚好瞿君远村，得宋悫庭观察网师园遗址，葺而新之,仍其故名,示不忘旧之意,于是叹远村之偶然远也。凡人身之所涉,性之所好,每有寄托,必思自立名字以垂于后,即园林何独不然?第考史册所载,苟非德业表炳,讴思不忘其丘壑闲居,隐人逸士所适得著名奕世者,往往难之,岂非有立名之心,而实不暨欤。远村于斯园,增置亭台竹木之胜,已半易网师旧规,何难别署头衔,而必仍其旧者?将无念观察当时经营缔构于三十年前,良费一番心力,兹以存其名者存其人,即雪泥鸿爪之感,于是乎寓焉。抑吾观远村平生,冲夷恬淡,不涉时俗,与山水之缘相称,固所谓能暨其实者,而复不欲以气力掩抑前人,吾又以知远村之不没网师,而因以著传于后无疑也。余少通仕籍,于斯园建置之始不及览观,迨乾隆丁未秋,奉讳旋里,观察久为古人,园方旷如,拟暂僦居而未果。今远村来此鼎新,宜可补前游之缺,顾以腰脚为患,僻处下邑,与郡城稍隔,弗获随故乡亲友登临觞咏其间,其能无眷然于怀耶?至于园中高下位置,憩息凭眺,随处适宜,若梅花铁石山房、小山丛桂轩、竹外一枝轩、月到风来亭、濯缨水阁、蹈和馆、集虚斋、云冈诸胜,读钱少詹前辈记、王少寇同年诗,已略悉梗概。他日者,得起衰扶杖,叩访园扉,流连晨夕,尚当一一为远村赋之。嘉庆元年,岁在丙辰夏五月天中节后三日,赐进士出身、诰授资政大夫、文渊阁直阁事、日讲起居注、官翰林院侍读学士、姻家弟褚廷璋拜手撰并书。

一、景　说

❀布局

　　苏州园林的拙政园始建于明正德年间，园主王献臣任监察御史，告老还乡，修建该园。园名"拙政"，借用潘岳《闲居赋》："灌园鬻蔬，以供朝夕之膳……亦拙者之为政也。"现在的拙政园是三座园合并而成，西边原是张家的补园，东边原为王心一的归田园居旧址，新中国成立初期，杂草丛生，瓦砾遍地。原拙政园大门正对园林桥，门面寻常。进门是一条又长又狭的弄堂，墙高径仄，使人压抑。尽头左转，有一方小庭，布以山石花木，正对园的大门，门阔槛高，门楣悬大匾，书"拙政园"三字，这才是进园的大门。而路边小门和长弄堂是造园家运用的引导收放手法。跨过门槛，进入门厅，只见黄石大斧劈皴假山一座，不见其他景色。造园家用欲露先藏的手法，不使一览无遗。此为园的第一空间序列，即封闭空间。去第二空间有五条路：廊路、山麓路、山洞路、山巅路、山腰路。东面山坡，西面曲桥为转景。第二空间远香堂前，有花树山水，景色宜人，为半封闭空间。向北至堂后开阔的平台，东至倚虹亭，西到别有洞天，台边水面开阔，对岸山峦起伏，山顶筑亭，园景尽收眼底，此为开放空间，是第三空间序列。三个空间，从收到放，从窄到阔，从点到面，层层拓展，步步放开，让游园者渐入佳境。犹如诗的平仄、曲的高低音，看到的是如画的景色。

❀远香堂

　　远香堂是拙政园位于中心的主建筑，四周回廊，宽敞明亮。从大门到雪香云蔚亭为y轴，绣绮亭到倚玉轩为x轴，

远香堂就在坐标轴的中心点。题名出于周敦颐的《爱莲说》："香远亦清。"远香堂的南北，都是山水。面南黄石大斧劈皴假山，即入门处的障景山阴，山前清溪，树木森森。溪水西流，溪上有桥，被长廊阻断，廊下有水穴，似断还连。为拙政园第一横向水系。堂北有一极大平台，水面开阔，是拙政园第二横向水系。北岸有迤逦诸山，山后为第三横向水系。山顶有亭。东望倚虹亭，西见别有洞天。视野辽阔，景色几乎尽收眼底。堂有楹联两副，南为文琳所撰："建业报襄，临淮总榷，数年间、大江屡渡，沧海曾经，更持节南来，息劳劳宦辙，探胜寻幽，良会机忘新政拙；蛇门遥接，鹤市旁连，此地有、佳木千章，崇峰百叠，当凭轩北望，与衮衮群公，开樽合坐，名园且作故乡看。"北为陆润庠状元撰书："旧雨集名园，风前煎茗，琴酒留题，诸公回望燕云，应喜清游同茂苑；德星临吴会，花外停旌，桑麻闲

芙蓉榭

课，笑我徒寻鸿雪，竟无佳句续梅村。"原联毁于"文革"，后由书法家萧娴补书。

❀ 倚玉轩

倚玉轩在远香堂西侧，轩外种竹，竹之色、竹之音皆似玉之美，故名。该轩为过渡至以水景为主的景区。轩有篆书对联一副："睡鸭炉温旧梦；回鸾笺录新诗。"此联省略句子成分，一是主语，一是介词结构。（我）（在）睡鸭炉（边）温旧梦，（我）（在）回鸾笺（上）录新诗。睡鸭炉是熏香的器皿，造型为睡鸭，睡觉的鸭把喙藏在翅下，香从鸭口飘出，但闻香气，不知出于何处，构思巧妙。鸾笺是在写诗的纸上印有回鸾，鸾是西王母的坐骑，其尾修长，飞行时成"回"字，故曰"回鸾"。

❀ 小飞虹

小飞虹在香洲之南，与小沧浪之间，架有一桥，名"小飞虹"。它是桥与廊的结合，故曰廊桥。廊顶黛瓦，桥有朱栏，桥不长，微拱，故用"小"与"虹"为名。为何其中又有一"飞"字？此正是小桥的妙处。观赏此桥，要虚实、动静结合，方得知造园家的艺术构思。桥为实，其影倒映碧波中为虚；桥不动，其影随波荡漾。一虚一实，一静一动，相映成趣。桥型如虹，而水中倒影荡漾，有飞动之势，题名"小飞虹"，实为妙绝。

❀ 听松风处、小沧浪、得真亭

小沧浪构屋三间，高架水上。沧浪，水名。《孟子·离娄》："有孺子歌曰：'沧浪之水清兮，可以濯我缨；沧浪之水浊兮，可以濯我足。'"有门联："清斯濯缨，浊斯濯足；智者乐水，仁者乐山。"《论语》"斯"是代词，代时候；

小飞虹

"缨"是官帽上的帽带。下联"乐"读 yào，是形容词的意动用法（以此为乐）。水的清浊比喻国家的好坏。国家清明出仕，动乱则隐居。做官洗帽带，隐居洗脚。小沧浪的南面为拙政园水系的水尾，形成独具特色的水院，绝无仅有。

听松风处亦架于水上，三面临水，亭外有松，风吹有声，形成松涛，与水面呼应产生和声。

得真亭一面依墙，用一面大镜补壁，将对面香洲景色收入镜中，扩大了亭内空间。有对联："松柏有本色；金石见盟心。"康有为书。

❀香洲

拙政园有一座仿画舫、楼船的组合建筑，叫"香洲"，又名旱船、不系舟。桥为跳板,台为船头,亭为前篷,前舱为轩榭,后舱为阁,阁上为楼。此景看似自然景观,观赏水景,实为人文景观。"香洲"二字为文徵明所书,"洲"是水中的陆地。欣赏此景,应读通匾额上的"跋"。跋云:"文待诏旧书'香洲'二字,因以为额。昔唐徐元固诗云:'香飘杜若洲'。盖香草所以况君子也。乃为之铭曰:'撷彼芳草,生洲之汀。采而为佩,爰入《骚经》。偕芝与兰,移植中庭。取以名室,唯德之馨。'嘉庆十年,岁在乙丑季夏中浣,王庚跋。""杜若",香草名;"况"是比;"铭"是一种文体;"撷"即"摘";"汀"为水际平地;"佩"为挂件;"爰","引"的意思;"骚经"是屈原作品《楚辞》;"馨"就是"香";"中浣"就是"中旬","浣""澣"相通。梳理通文字,懂得了意思,就不难看出园主人的品德、情操了。与其说是水景,不如说是人文景观为宜。

❀ 见山楼

见山楼有楹联一副:"束云归砚盒;栽梦入花心。"遍观姑苏园林,楹联多用现实主义手法,唯有此联用的是浪漫主义。见山楼言其楼高,可以见山,而此联更烘托出高楼的境界。上联讲楼高耸入云,坐在楼窗的书案前,白云飘过,伸手拿来一朵,用丝带束起,放在砚盒里。从前书案上有文房四宝:纸、墨、笔、砚,砚放在木盒里。现实中,云不好拿,更无法束,也不能放。园林名胜景点用"云"写境界的,像狮子林的"卧云室",桂林明月峰的"挈云亭"等都是。下联写梦,梦境原本虚幻缥缈,而把梦栽入花心中去做,其美当是如何甜蜜?用浪漫主义手笔写成的这副楹联,将该楼的意境扩大并加以丰富的想象,为见山

楼大大地增色。有说出处是陶渊明的"悠然见南山"，句中有"见""山"两字，故名。诗中有此二字者颇多，均可视为题名，不必拘泥。更荒唐的说楼是龙头，廊是龙身，神龙见首不见尾，拙劣的比喻物化（丑化）了园林建筑，破坏了园林意境。

❀ 荷风四面亭

荷风四面亭在拙政园偏西的中心区，四面环水开敞，夏季观荷最佳。有联："四壁荷花三面柳；半潭秋水一房山。"是套用济南大明湖铁公祠"四面荷花三面柳，一城山色半城湖"。荷风四面亭是视野最为开阔的景点，几乎把拙政园景色尽收眼底，开放空间最大，也是西部水景区域转景的中心。

❀ 雪香云蔚亭

中园北岸主山有一矩形歇山亭，名"雪香云蔚"，是该景点的主题。四个字中"蔚"字，大多数人不解其意，其实《新华字典》就有解释："草木茂盛。"此亭为观赏春梅之处，四围匝种梅花，花多为白色，还有一株绿梅。苏州光福有小山一座，名"邓尉"，为江南三大赏梅景点之一。据传乾隆题有"香雪海"三字。最近有人发现有题字石，为康熙江苏巡抚宋荦所题。香，梅味；雪，梅色；海，梅多如海。云蔚较海更为形象，语出郦道元《水经注》："交柯云蔚。"雪与云均为白色，题名和香雪海异曲同工。檐下另有一匾："山花野鸟之间"；楹联一副："蝉噪林愈静；鸟鸣山更幽。"为南梁王籍《泛若耶溪》诗句。春夏景色，均能悦目。亭坐落山顶，可鸟瞰中园全景。我常在此亭小坐，一杯茶、一支曲、一首诗……其乐无穷。

❀ 待霜亭、梧竹幽居亭、绿漪亭

雪香云蔚亭之东，有待霜亭，又叫北山亭。亭的四周种有枫、桂、橘树，有花、果、红叶，最为灿烂。再东是梧竹幽居亭，亭外梧桐、修竹。亭的四周有月洞门，环以回廊。亭内观景，月洞门就是画框，现出不同的画面，山水花木亭台，各不相同。有联曰："爽借清风明借月；动观流水静观山。"其北是水湾的绿漪亭，又名劝耕亭，水中蒹葭苍苍，时有扁舟停泊，别有意境。

❀ 枇杷园

拙政园东南为枇杷园，乃园中之园。门额书"枇杷园"，背面题"晚翠"二字。一为现代语；一为书面语，语出《千字文》："枇杷晚翠。"该园与大园划分，手法高妙。从南面转向东面成一弧形，并非用粉墙一围到底，其第一段用云墙与入门处黄石假山相隔，从山腰路可俯瞰枇杷园景色。云墙用"化实为虚"和"化静为动"的手法，象征云雾，与绣绮亭假山相连，似云雾没入山中。进入小园，犹如穿过云层。第二段为假山，大、小园均有山路可通，而山后还有路可以进入小园。第三段为海棠春坞的轩榭，下临流水，与主水系相连，上架石桥。第四段则是复廊的内廊，直达枇杷园的海棠春坞和听雨轩。大园与小园的分割和组合，不着痕迹，巧夺天工，令人叫绝。

枇杷园内有四个建筑，其主建筑为嘉实亭，其他为听雨轩、海棠春坞和玲珑馆。一处建筑就是一个景点，景点又分自然景观和人文景观。玲珑馆即为人文景观，其他三处为自然景观。嘉实亭以枇杷为主题，"嘉"是美好，"实"是果实；听雨轩则以芭蕉为主题；海棠春坞是以海棠为主

玲珑馆

题，坞，意为"山坳"。玲珑馆有两块匾额：一为"玲珑馆"，一为"玉壶冰"。他体现园主人的情操，心清如玉壶之冰，而不以自然景观为主题，故游园者必得分清两类景观。

枇杷园内的三处自然景观，嘉实亭是果，听雨轩是叶，海棠春坞为花。枇杷的果是金黄色的，它可看、可闻、可尝，是视觉、嗅觉和味觉的享受。宋戴复古《夏日》诗："乳鸭池塘水浅深，熟梅天气半晴阴。东园载酒西园醉，摘尽枇杷一树金。"芭蕉的叶是翠绿的，雨中的芭蕉可观、可听，是视觉和听觉的享受。宋杨简《初夏睡起》诗："梅子流酸溅齿牙，芭蕉分绿上窗纱。日长睡起无情思，闲看儿童捉柳花。"海棠花是红色的，色泽鲜艳，可观、可闻，是视觉和嗅觉的享受。苏东坡《海棠》诗："东风嫋嫋泛崇光,香雾空濛月转廊。只恐深夜花睡去,故烧高烛照红妆。"枇杷园中把植物的花、叶、果组成三处景观,主题鲜明,色彩明丽,并有众多的感觉享受,更深层次地让游客进入诗情画意。写枇杷、芭蕉、海棠的诗词较多,不可能一一举例。在中国古典园林中,涵泳着中国的传统文化艺术,得自己去慢慢体会,方能懂得园林的奥妙。枇杷园中的海棠春坞是一个封闭庭院,除了建筑前面的庭院,左右还有两个小庭。在西首小庭的西北隅,用几块黄石堆砌在角隅处,破坏了墙角。初看时,令人不解,不知何故。其实,这是一种高超的造园方法:破隅。此处景点东面是放眼亭的山,西面是绣绮亭的山,两山之间的凹地就是山坳。该景点地形地貌的特点是"坞",为了加强身居山坳的感受,故用破隅手法,山把脚伸到庭院里来。西北隅的几块山石,是身在坞里的强烈的视觉信息,实是点睛之笔。

❀ 浮翠阁

一进西园别有洞天的门,隔水望去,水边有与谁同坐轩;轩后山上,有笠亭;再后山巅,有浮翠阁。从低到高,在一条对角线上,这是斜对应线。浮翠阁山下,长着绿树翠竹,阁在掩映之中。当大风吹来,竹树偃伏,阁好像浮出翠波;风过之后,竹树恢复原样,好像又沉没在翠波之中。风吹风停,阁便在翠波中浮沉。其实,阁不动,而是竹树在动,看起来,似阁在浮沉。阁名浮翠,名副其实。这是一种化静为动的造园手法,颇具妙趣。

❀ 补园水廊

原张履谦的补园,现在成了拙政园的西园。其中的

水廊（凌波廊）最具特色。廊架空于水面，从拜文揖沈之斋至卅六鸳鸯馆，左右曲折，高低起伏，把水平曲线和垂直曲线交织在一起。人行廊上，犹如凌步波上，左右波动，上下起伏，荡漾晃动，产生冲浪的感受。其实，造园家设计的水廊与水波一致，走在廊上，像走在水上。这是一种化实为虚、化静为动的手法。懂得这一些，方能进入园林的境界。在水廊的南面有山，山上为宜两亭，山亭南为游廊，两者之间有一道云墙相隔。走在游廊上看山，云墙下还露出几处山脚，处理高妙。为何？这座云墙是象征一段云雾，漂浮在山麓处，云雾外还可以看见未被遮住的山脚，颇感妙趣。墙实云虚，墙静云动，这也是化实为虚、化静为动的手法，与水廊的巧妙设计相同。

听雨轩

◉ 宜两亭

进入别有洞天，左山右水，是水廊与山廊的结合部。山上有亭翼然，名"宜两亭"，源于白居易诗句："一院宜作两家春。"登山入亭，可鸟瞰中园景色，中园与西园春色交融，故曰：宜两。山南用云墙与空廊相隔，廊之南又有山曰：云坞。云墙脚下透出山脚数处，为点睛之笔。宜两亭的对景是拜文揖沈之斋（倒影楼），他们在竖向水系的两端，遥相呼应，一在水边，一在山顶，山水景色，倒映水底，一虚一实交相辉映。

◉ 鸳鸯馆

花园里的鸳鸯馆一般都是最大的建筑。南向为"十八曼陀罗花馆"，北向是"卅六鸳鸯馆"。鸳鸯馆用屏门、门罩分隔。鸳鸯馆的四角有四间耳室，由此进入正厅。有砖刻门额东南"来薰"、西南"纳凉"、东北"迎旭"、西北"延爽"。"来薰"意为：吹来温暖的南风。《古诗源》有《南风歌》："南风之薰兮，可以解吾民之愠兮；南风之时兮，可以阜吾民之财兮。"《吕氏春秋·有始》："东南曰薰风。"有位园林专家解释"吹来花香"，十足贻笑大方。

馆内有联："迎春地暖花争坼；茂苑莺声雨后新。"坼，绽放。外柱联："小径四时花，随分逍遥，真闲却、香车风马；一池千古月，称情欢笑，好商量、酒政茶经。"卅六鸳鸯馆有联："绿意红情，春风夜雨；高山流水，琴韵书声。"外柱联："燕子来时，细雨满天风满院；栏杆倚处，青梅如豆柳如烟。"

鸳鸯馆是园主唱曲、宴客的地方。冬春居南向，夏秋

居北向。四耳室唱曲时是化装处，宴客时为侍宴处。

❀ 留听阁

走出鸳鸯厅，过小桥，有平台面水，为留听阁。以李义山"留得残荷听雨声"诗意题名。阁内有黄杨木雕门罩，下雕太湖石，上雕岁寒三友松竹梅，以梅为主。梅枝栖四鹊，寓意为喜上眉梢。为木雕之精品。阁面对竖向水系的塔影亭，形成对景。亭倒映水中，别具情趣。

❀ 与谁同坐轩

过浮翠阁，有半亭"与谁同坐轩"，形同折扇，俗名扇亭，亭内匾额、藻井、空窗、宫灯、石桌均为折扇状。取大苏词意："与谁同坐？明月、清风、我。"与李太白诗："花间一壶酒，独酌无相亲。举杯邀明月，对影成三人。"异曲同工。诗词大家，超然物外，悠然于清风明月之间，飘飘乎似羽化而登仙。有联"江山如有待；花柳更无私"。（杜甫诗，

与谁同坐轩

何子贞书）此亭面水背山，水面波光涟漪，水下山亭倒影，尤其水的反射光，在亭内顶上，闪动跳跃，让亭活了起来。亭后山腰是笠亭，山顶是浮翠阁，在一条对应线上，层次分明。此亭地处山水之间，亭被波光山影拥抱，不亦乐乎，不亦美哉！

❁ 拜文揖沈之斋

沿水而行，是拜文揖沈之斋，与宜两亭相对，俗称倒影楼。"文"指明文徵明，"沈"是指明沈周。沈是文的老师。园主因仰慕沈周、文徵明而命名。斋内有书条石刻有两位大师之肖像。室内有四扇檀木屏门，刻有郑板桥诗、文、画，以供观赏。文："昨游江上，见修竹数千株，其中有茅屋，有棋声，有茶烟飘飏而出，心窃乐之。次日过访其家，见琴书几席，净好无尘，作一片豆绿色，盖竹光相射故也。

拜文揖沈之斋

静坐许久，从竹缝中向外而窥，见青山大江，风帆鱼艇。又有苇洲，有耕犁，有饷妇，有二小儿戏于沙上，犬立岸旁，如相守者，直是小李将军画意，悬挂于竹枝竹叶间也。由外望内，是一种境地，由中望外，又是一种境地。学者诚能八面玲珑，千古文章之道，不出于是，岂独画乎？乾隆戊寅清和月，板桥郑燮画竹后又记。"大大加强了斋室的文化氛围。

二、文　选

❀ 王氏拙政园记

明·文徵明

　　槐雨先生王君敬止所居，在郡城东北，界娄、齐门之间。居多隙地，有积水亘其中，稍加浚治，环以林木。为重屋其阳，曰梦隐楼；为堂其阴，曰若墅堂。堂之前为繁香坞，其后为倚玉轩，轩北直梦隐。绝水为梁，曰小飞虹。逾小飞虹而北，循水西行，岸多木芙蓉，曰芙蓉隈。又西，中流为榭，曰小沧浪亭。亭之南，翳以修竹，经竹而西，出于水溢，有石可坐，可俯而濯，曰志清处。至是，水折而北，滉漾渺弥，望若湖泊，夹岸皆佳木。其西多柳，曰柳隩。东岸积土为台，曰意远台。台之下，植石为矶，可坐而渔，曰钓䂬。遵钓䂬而北，地益迥，林木益深，水益清驶。水尽，别疏小沼，植莲其中，曰水花池。池上美竹千挺，可以追凉。中为亭，曰净深。循净深而东，柑橘数十本，亭曰待霜。又东，出梦隐楼之后，长松数植，风至冷然有声，曰听松风处。自此绕出梦隐之前，古木疏篁，可以憩息，曰怡颜处。又前循水而东，果林弥望，曰来禽囿。囿尽，缚四桧为幄，曰得真亭。亭之后，为珍李坂。其前为玫瑰柴，又前为蔷薇径。至是水折而南，夹岸植桃，曰桃花沜，沜之南，为湘筠坞。又南，古槐一株，敷荫数弓，曰槐幄。其下跨水为杠，逾杠而东，篁竹荫翳，榆槐蔽亏，有亭翼然，西临水上者，槐雨亭也。亭之后为尔耳轩，左为芭蕉槛。凡诸亭槛台榭，皆因水为面势。自桃花沜而南，水流渐细，至是伏流而南，逾百武，出于别圃丛竹之间，是为竹涧。竹涧之东，江梅百株，花时香雪灿然，望如瑶林玉树，曰瑶圃。圃中有亭，曰嘉实亭。泉曰玉泉。凡为堂一，楼一，为亭六，轩、槛、池、台、坞、洞之属二十有三，总三十有一，名曰拙政园。王君之言曰："昔潘岳氏仕宦不达，故筑室种树，灌园鬻蔬，曰：'此亦拙者之为政也。'余自筮仕抵今，余四十年，同时之人，或起家至八坐，登三事，而吾仅以一郡倅老退林下，其为政有拙于岳者，园所以识也。"虽然，君于岳则有间矣。君以进士高科仕，为名法从，直躬殉道，非久被斥。其后旋起旋废，迄摈不复，其为人岂龌龊自守、视时浮沉者哉？岳虽漫为闲居之言，而谄事时人，至于望尘雅拜，干没势权，终罹咎祸。考其平生。盖终其身未尝暂去官守，以即其闲居之乐也，岂唯岳哉，古之名贤胜士，固有有志于是，而际会功名，不能解脱，又或升沉迁徙，不获遂志如岳者何限哉？而君甫及强仕即解官家处，所谓筑室种树，灌园鬻蔬，逍遥自得，享闲居之乐者，二十年于此矣。究其所得，虽古之高贤胜士，亦或有所不逮也，而何岳之足云？所为区区以岳自况，亦聊以宣其不达之志焉耳。而其志之所乐，固有在彼而不在此者，是故高官膴仕，人所慕乐，而祸患攸伏，造物者每消息其中，使君得志一时，

而或横罹灾变，其视末杀斯世，而悠游余年，果孰多少哉？君子于此，必有所择矣。徵明漫仕而归，虽踪迹不同与君，而潦倒末杀，略相曹耦，顾不得一亩之宫以寄其栖逸之志，而独有羡于君，既取其园中景物，悉为赋之而复为之记。

嘉靖十二年岁在癸巳既望。长洲文徵明著。

❀ 关于文徵明卅一图咏的一段闲话

最近收到在法国读书的忘年交书信，她有明文徵明咏拙政园的八首诗，有些字不认识，发来叫我填充纠错。其实在园的东廊墙壁，有衡山先生咏拙政园的三十一景图，诗书画俱全。书有正草隶篆，有些字的确难认，这属于园林文化，值得品赏。但在众多的游客中，几乎无人问津。剞石的是现代人蔡廷辉，其中也有刻错的地方。如"意远台在沧浪西北，高可丈寻。《义训》云：'登高使人意远。'闲登万里台，旷然心目清。木落秋更远，长江天际明。白云渡水去，日暮山纵横。"碑刻上"寻"错为"浔"，寻是长度单位，八尺为一寻；而浔是水边的意思。"旷然心目清"，多刻了一个"然"字。"长江天际明"，把"明"字错刻成"来"字，但自行改正了。可见园林文化之高深。再如明末清初著名诗人吴伟业（梅村）《咏拙政园山茶花并引》，刻在香洲大镜子的背面，光线也较差，无人赏读，真是"明珠暗投"，使名诗蒙尘。

在法国忘年交发来的文徵明手迹，原件收藏于美国大都会博物馆。我与园中碑刻对照，发现碑刻上有一些错刻、漏刻。像"意远台"就有讹误。又如"芭蕉槛在槐雨亭之左"，就缺掉"更植樱阴，宜为暑月"。再如"来禽囿在沧浪池之南，北杂植林檎数百本，故云"。碑刻为"来禽囿沧浪池，南北杂植林檎数百本"。既缺字，又断句错误。"小窗亲拓右军书"，应是"小窗拓得右军书"。还如"钓碧在意远台下"后面少了"春明之际，柳荫落花，令人坐恋忘返"。可惜在法小友，仅有八幅，否则可以全部校对，以免以讹传讹。

一、景 说

留园在阊门外,原为徐泰时东园,后归刘蓉峰(恕),最后的园主为清朝盛宣怀。

进入苏州的第宅园林,各有妙趣。留园从大门至园,有一段与宅结合的路。一进门,是有一天井的门厅,四周回廊环绕,向北一条窄弄;再前又有一小庭门额为"长留天地间",经过此门方进入园内,名"古木交柯"。此处亦是小院,北面一排花窗,隐约窥见园内山水景色,是又一种欲露先藏的造园手法。东边是"曲溪楼下"的走廊,西边两个空窗,叫"绿荫",室后有路可通。从大门至此,路线与空间的处理,手法高超。几个大小不同的庭院,用宽窄曲折的廊路连接,形成虚实、明暗、大小、纵横、宽窄对比的入园路。

❀入口

进入"长留天地间",迎面一排漏窗。漏窗对面即是"古木交柯"。在入口处与室外的"古木交柯"并列,有一小轩题名"绿荫"。"绿荫"四面通透,坐南朝北,为夏日小憩的最佳处。北向临水是一排曲栏,可倚栏远眺,山水风景,尽收眼底。东墙有大空窗二,一进园来,通过空窗,便可略窥园景。南面用木质花窗与游廊相隔,廊外小庭,有一花坛,上有石额,题为"华步小筑",篆书。墙面爬满薜荔,方寸天地,别具情趣。

❀明瑟楼

明瑟楼有楼阁山,名"一梯云",可由山登楼。下为"恰航",有楹联:"卅年前曾记来游,登楼看雨,倚槛临风,俯仰已成今昔感;三径外重增结构,引水通舟,因峰筑榭,

吟歌长集友朋欢。"为董寿平书。

❀ 涵碧山房　闻木樨香轩

南庭北台，通透明亮。南庭的封闭空间有牡丹台，高墙爬满薜荔，北面临水平台为开放空间，山水景色，尽收眼底。

留园涵碧山房西侧有条爬山廊，廊端有"谿山深秀"石刻，是对山水园的题词。沿廊至最高处为"闻木樨香轩"。轩处山顶，山高水低，愈显险峻。轩有联："奇石尽含千古秀；桂花香动万山秋。"轩后有廊，廊西为云墙，墙后是西部崇山的森森树林。从曲溪楼远望，云墙似漂浮在山岭树丛中的云雾，气象万千。留园西北角是西部与北部两条山脉的连接处，形成分水岭。北廊中有桥，桥下之水为留园水的源头，流水成山涧形由西北流向东南大池。山麓有一桥低平，山腰又有一桥。在山涧入池处有一小岛，架有两个短小的石梁。在这条山涧之上，竟然架有五座长短大小不一、参差高低的桥梁，实为造园手法精彩之一笔。

❀ 可亭

北山山顶，置一小亭曰可亭，正对隔池的涵碧山房。亭小，用近大远小的透视学原理，反衬山高水阔，是造园学的以小见大手法。

❀ 曲溪楼

近曲溪楼，水中拟蓬莱三岛，上架紫藤，繁花似锦，似觉割裂池面。东端有一亭，四围皆水，故曰：濠濮间。（典出《庄子·秋水》庄周与惠施辩答"安知我非鱼"的故事。）《世说新语》称简文入华林园，顾谓左右曰："'会心处不必在远，翳然林水，便自有濠濮间想也，觉鸟兽禽鱼，自来亲人。'"

曲溪楼面对闻木樨香轩，楼底西墙开有八角空门，左右两大空窗，形成大幅框景，行走楼下，山水风景，透过窗户，进入楼来，如画幅挂壁上。

曲溪楼转角是西楼，楼下通道之西为清风池馆，有镂空门隔与廊分隔，且低数级阶石，有一突出水面的空轩即是清风池馆。在曲溪楼北，是去五峰仙馆的小过渡，清风池馆，坐东朝西，紧临池边，亦用木花窗与廊相隔，廊东还有漏窗，直窥五峰仙馆庭院的峰峦。再透过鹤所漏窗，一直看到石林小院的西窗，多层次的分割，大大加强了景观的深度。墙上悬挂对联一副："墙外青山横黛色；门前流水带花香。"提升了池馆的意境。"绿荫"在南一排建筑寒碧山房的开头，另一处在曲溪楼北，是去五峰仙馆的小过渡，为"清风池馆"，为转景处。

❀ 四大空间

现时的留园整体空间可分为南、东、北、西四个部分。进园的南部为山水园，东部以建筑为主的庭院，北部为郊野风光，而西部为丘壑山林。留园之精华当为东部大空间序列，次为南部进门处的山水园。山水园以水为主，西北环山，东是曲溪楼，南是寒碧楼和寒碧山房。曲溪楼划分南东两个空间序列，既是山水园的建筑主景，又是五峰仙馆建筑群的重要组成部分。曲溪楼正对西部山峰，山巅仅有闻木樨香轩，显现了山群气势。而寒碧楼和寒碧山房面向北部群山，山顶亦仅有一可亭，作为点缀。整个山体西北相连处，用山涧划分，使山水脉络分明、气势一致。东、南建筑与西、北山水形成对景，也正是江南第宅园林造园的重要手法。

❀ 石林小院

留园之精华在东部建筑群。曲溪楼之东为最大的鸳鸯

馆——五峰仙馆，南院叠有五峰，写庐山五老峰之意，过于壅塞；北院山泉，较为疏朗。东向为揖峰轩，是去另一鸳鸯厅——林泉耆硕之馆的过渡。揖峰轩的石林小院由三个建筑组成：揖峰轩、石林小院的小亭、鹤所。轩为一间半，鹤所成曲尺形，与五峰仙馆相隔，亦是小院的西南外围建筑。以轩与亭为中心，有八个大小、显隐和形状不一的庭院分割，有方形、矩形、三角形、不等边形，种植各色花树。以轩与亭之间的院落较大，中竖一峰，亭南小院，亦有石峰，透过亭南小窗，疑是一面明镜，照出大院的峰背，造成错觉，颇感妙趣。小亭四面通透。前牡丹后藤萝，左竹右蕉。有联一副："曲径每过三益友；小亭长对四时花。"揖峰轩之后藏有一小楼，十分隐秘，名"还我读书处"，幽静无比。庭中绿荫蔽日，苍苔满地，居此小楼，静读诗书，

林泉耆硕之馆

五峰仙馆

实是最佳去处。

❀ 五峰仙馆

留园五峰仙馆内，有一大理石座屏，圆形，直径近两公尺。石上的天然花纹有两排像蜿蜒起伏的群山，山势空濛；上空有一朦胧的圆月。屏上题词为"此石产于滇南点苍山，天然水墨图画。康节先生有句云：'雨后静观山意思，风前闲看月精神。'此景仿佛得之。"石头的自然纹路，形成了诗情画意。康节先生为北宋著名诗人邵雍。此石已成留园的镇园之宝。另有苏州状元陆润庠楷书对联："读书取正，读易取变，读骚取幽，读汉文取坚，最有味卷中岁月；与菊同野，与梅同疏，与莲同洁，与兰同芳，与海棠同韵，定自称花里神仙。"

仙馆南庭仿庐山五老峰叠成五峰，形体似感壅塞，北庭较为疏朗。

❀ 林泉耆硕之馆

此馆仅次于五峰仙馆，南向东山丝竹，原有戏台，后荒废。北对冠云峰。其东为瑞云峰，其西为岫云峰。另有一块同名瑞云峰，为北宋花石纲遗物，是江南三大名石之一，现存苏州第十中学（原清朝苏州织造署）。另两块一为上海豫园玉玲珑，一为杭州植物园绉云峰。

岫云峰原有一棵枸杞，生长有年，穿洞入穴，似虬龙腾空。秋日翠叶红果，缠绕庭院独峰，愈加妖娆，惜已枯死。冠云峰左，有伫云亭，前有伫云沼，峰倒映水底，虚实交映。故廊壁刻有"白云怡意，清泉洗心"。（集自北海太守李邕《叶有道碑》）。峰后有楼阁山登山上楼。北窗外，虎丘如入画中。

❀ 又一村

又一村在伫云楼之西，碧草绿茵，满枝繁花，一片田园风光。

过了又一村，为丘陵地带。较多枫槭，秋日满山灿烂。有小亭二：至乐亭、舒啸亭，供游人憩息。过丘陵，地势平旷，碧溪环绕。有小阁架于水上，题"活泼泼地"。经短窄小廊，与涵碧山房相连。

二、文　选

❀ 留园记

清·俞樾

出阊门外三里而近，有刘氏寒碧庄焉，而问寒碧庄无

又一村

知者,问有刘园乎?则皆曰有。盖是园也,在嘉庆初为刘君蓉峰所有,故即以其姓姓其园,而曰刘园也。咸丰中,余往游焉,见其泉石之胜、花木之美、亭榭之幽深,诚足为吴下名园之冠。及庚申、辛酉间大乱荐至,吴下名园,半为墟莽,而阊门之外尤甚。曩之阗城溢郭、尘合而云连者,今则崩榛塞路,荒葛冒涂,每一过之,故蹊新术,辄不可辨,而所谓刘园者,则岿然独存。同治中,余又往游焉,其泉石之胜、花木之美、亭榭之幽深,盖犹未异于昔,而芜秽不治,无修葺之者,兔葵燕麦,摇荡于春风中,殊令人有今昔之感。至光绪二年，为毗陵盛旭人方伯所得，乃始修之、平之、攘之、剔之，嘉树荣而佳卉苗，奇石显而清流通，凉台燠馆，风亭月榭，高高下下，迤逦相属。春秋佳日，方伯与宾客觞咏其中，而都人士女，亦或捬裳连袂而往游焉，于是出阊门者，又无不曰刘园、刘园云。方伯求余文为之记，余曰："仍其旧名乎，抑肇赐以嘉名乎？"方伯曰："否否，寒碧之名，至今未熟于人口，然则名之易而称之难也。吾不如从其所称而称之，人曰刘园，吾则曰留园，不易其音而易其字，即以其故名而为吾之新名。昔袁子才得隋氏之园而名之曰随园，今吾得刘氏之园而名之曰留园。斯二者，将毋同。"余叹曰："美哉斯名乎，称其实矣。夫大乱之后，兵燹之余，高台倾而曲池平，不知凡几，而此园乃幸而无恙，岂非造物者留此名园以待贤者乎？"是故，

留园池沼

挹峰轩室内陈设

泉石之胜，留以待君之登临也；花木之美，留以待君之攀玩也；亭台之幽深，留以待君之游息也。其所留多矣，岂止如唐人诗所云'但留风月伴烟萝'者乎？自此以往，穷胜事而乐清时，吾知留园之名，常留于天地间矣！"因为之记，俾后之志吴下名园者，有可考焉。

光绪二年冬十月，旧史氏德清俞樾记。

一、景 说

　　姑苏城内有环秀山庄，号称吴中第一名山，为著名叠山大师戈裕良之佳作。山庄约两亩半，山仅占地半亩，入山到出山约七十余米。从西南角曲桥进山，有崖道险峻，左峭壁，右深渊，向东渐行，进入主山两峰之间的峡谷，沿涧西前行，有一天然山洞，为戈大师首创，用勾连法造洞，成穹顶状，垂挂钟乳，壁有罅隙，光照入洞，且可见洞外粼粼碧波。出洞入峡，仰视天如一线。跨越山涧之步石，又得见山室一间，沿路迂回盘旋，攀登山峰，于南有石梁一架，置于峡谷之上，行走梁上，俯瞰山底，波光荡漾，身临深渊，有兢兢之感。渡桥北行，为主峰，有一天然石门与石梁，隔峡与次峰相呼应，气势顿生。山东北有一亭，名"半潭秋水一房山"，亭旁有合围大树，惜已枯死。亭有

假山

廊桥

廊连接山腹之主建筑补秋山房,东门额"摇碧",题山:山不动,山上茂林修竹风吹树摇。西曰"凝青",题水:水流动,无风则水平如镜。一般是"动观流水静观山",此处却反其意而用之,分外新颖。山房西有廊连接问泉亭,亭后西北隅有客山一座，与主山成掎角之势。崖有瀑布，题名"飞雪"，现已无悬泉可观。问泉亭两翼短廊，实是廊桥，与楼下走廊衔接，即为出山处。

山庄东为高耸之粉墙，不见园外民居，主山次峰东麓渐次嵌入东壁，形成浮雕式之余脉，似穿墙而出，即计成《园冶》所云："粉墙为纸，山木为绘。"西侧为涵云楼，登楼可鸟瞰山水全貌。山庄之建筑布局精巧，构思绝佳。于主山后，以山房为中心，其两翼为亭，以廊连接。两廊东高西低成四十五度。东亭处深山腹地，地势高陡，观山景为主；西亭低下，在客山前，有碧水潋滟，主山后，有悬泉飞瀑，类身处幽谷，观水景为主。而主室补秋山房排窗前，巨幅山水，全现眼前。惜乎山房形体过大，且北窗无垂直绿化，仅是三壁成画，难免白璧无瑕。

东南大学刘敦桢先生《苏州古典园林》讲山庄为带状水系，指山外明水而言，水进入两峰峡谷，形成涧溪，是为暗水。从山峡中流出与山外之水相连，便成了一半在山外（明水）一半在山内（暗水）的环状水系。山庄理水之高妙，为其他园林所无有，独树一帜。

山南有四面厅，曰"环秀山庄"，再南为"有穀堂"。典出《论语·宪问》："宪问耻。子曰：'邦有道，穀。邦无道，穀，耻也。'"穀指官员的俸禄。再前厅东偏门有篆书联："千重碧树笼春苑；万缕红霞衬碧天。"一联两"碧"，且无意境。西偏门篆书联："风袂挽香虽澹薄；月窗横影乙（亦）精神。"颇为工整。环秀山庄四面厅原有对联："风景自清嘉，有画舫补秋，奇峰环秀；园林占优胜，看寒泉飞雪，高阁涵云。"这副对联写出环秀山庄主要建筑结构和

景色；补秋山房又名"补秋舫"，而西面之高阁曰"涵云楼"。人工园林无法引入云雾，故以山喻云。楼阁开窗，山景尽收眼底，故名"涵云"。楼下廊壁，有明四大才子之文徵明与祝枝山书写的书条石：文用行楷书大苏《前赤壁赋》，温婉柔和；而祝用狂草写《后赤壁赋》，豪迈奔放，继唐张旭之遗风，均得驻足品赏，惜乎无一人留步。哀哉！

二、文 选

❀颐园记

民国·金天羽

　　坐我以华堂，饮我以美酒，而使我旷然游观乎山水之间。斯非异境与？境之在于幽邃崭绝者，天之功也。天弛其功，地谢其能，灵驱秘助，来献斯异。崒而巘，陷而谷，閈而官，崖绝而梁，缭而岆者岭，限者隩，裂者涧，涧悬溜丁鸣而赴于溪，溪上有亭焉，实绾山之两口。溪南为堂，颜曰环秀山庄者，以其面山也。苏之城，廛次而堉比，举薪之户十万家，尘埃嚣然。而一入斯园之门，则镜澜屏碧，纷晻罩蔼，朝岚倒景，夕彩晕光，隐几寂视，若出云表。其山，皱瘦浑成，自趾至巅，横睨侧睇，不显斤斫。凡余所涉天台、匡庐、衡岳、岱宗、居庸之妙，千殊万诡，咸奏于斯。斯盖宋钱氏金谷园之故基，朱氏继有之而为乐圃者也。清道光朝，汪氏于此始建义庄，其先后易主，互详钱梅溪《履园丛话》及冯敬亭《耕荫义庄记》。园在义庄东偏，其阃之额署曰"颐园"者，汪西溪书也；构此山者，毗陵戈裕良，为晚清名手，自诧以为驾狮林而上之，不虚矣。汪子鼎丞，数柬余饮于兹园。戊午春，毕节路金坡、贵阳许肇南来苏，鼎丞复邀之饮，度曲于补秋舫。舫位在山之北隩，余踞磐石听之，笛声摇曳出翠微间，而涧瀑自墙外来，应节相和，时玉梅二株方怒花，辛夷亦垂垂坼，罄无算爵，宾主尽欢。汪子因举觞属余为文以錾之石。汪子有儒雅风，诺不可逭也。越一载，乃命笔志其胜，以备吴中名园掌故。

艺圃

一、景　说

艺圃在苏州吴趋坊宝林寺前文衙弄。小巷曲折、幽深、宁静。曾为文徵明曾孙文震孟所有。该园的特色是大山水布局，以水为主，占地约一亩，属方形水系。水南叠山，水北有一九开间的特大水阁名"延光阁"，中间五室高架水上，面水开大排窗户，碧波荡漾，远山起伏连绵，俨然深山老林。山麓水边有自然石梁一座，其左右，一为曲桥，一为拱桥。曲桥紧贴水面，步行其上，有凌波之感。用三架桥梁作为山与水的衔接和过渡，可见造园家设计的高超。

在延光阁打开每扇窗户，都是山水美景。水阁最宜夏日憩息。池面习习微风，且与北窗空气对流，进入水阁，暑气全消。大池的反射光照到室内，梁椽布满跃动的光影，故名"延光"。

阁北天井有牡丹台，四周回廊。有一厅堂曰"博雅"。博雅堂是艺圃在园内的主厅。有联："博雅腾声数杰，烟波浩渺，浴鹤晴晖，三万顷湖裁一角；艺圃斐誉全吴，霁雨空蒙，乳鱼朝爽，七十二峰剪片山。"太湖有三万六千顷，湖有七十二峰。把艺圃的山水与太湖的山水相连，大大扩大了联想的空间与无限的意境，园内山水仿佛是从太湖移来的。我们造园家通过对联表达了"以假映真"和"以小见大"的人工造园艺术技巧。

从延光阁沿池西岸长廊响月廊直通浴鸥小池，亦是水的源头，通过曲折的溪涧流向大池。响月廊西全为修竹，风吹竹响，月光清幽，故名。浴鸥也是园中小园，用大型月洞门与大园分隔，门内外均成绝美之框景。小园内又有

艺圃

一小月洞门曰：芹庐。内有小型斋室两间，南曰"南斋"，北曰"香草居"，是艺圃最深邃幽静的处所，几疑仙境。

出浴鸥池登山，山顶有亭曰"朝爽"。有联曰："漫步沐朝阳，满园春光堪入画；登临迎爽气，一池秋水总宜诗。"山下水边有一亭，为乳鱼亭，是明代遗构。有联曰："荷溆傍山浴鹤；石桥浮水乳鱼。"亭前碧波浩渺，确似太湖。

二、文　选

❀ 姜氏艺圃记

清·汪琬

　　艺圃者，前给事中莱阳姜贞毅先生之侨寓也。吾吴郡治西北隅，固商贾阛阓之区，尘嚣湫隘，居者苦之，而兹圃介其间，时以胜著。圃之中，为堂为轩者各三，为楼为阁者各二，为斋为窝为居为廊为山房为池馆、村砦、亭台、略彴之属者，又各居其一。予尝最其大凡，则方广而弥漫者莫如池，迤逦而深蔚者莫如村，高明而敞达者莫如山巅之台，曲折而工丽者莫如仲子肄业之馆若轩。至于奇花珍卉，幽泉怪石，相与晻霭乎几席之下；百岁之藤，千章之木，干霄架壑；林栖之鸟，水宿之禽，朝吟夕弄，相与错杂乎室庐之旁。或登于高而览云物之美，或俯于深而窥浮泳之乐。来游者往往耳目疲乎应接，而手足倦乎扳历，其胜诚不可以一二计。盖兹圃得名也久矣，圃之主人亦屡易。其始则有袁副使绳之，以高蹈闻于前；其次则有文文肃公父子，以刚方义烈著于后。今贞毅先生复用先朝名谏官优游卒岁乎此，而其两子则以读书好士、风流尔雅者绍其绪而光大之。马蹄车辙日夜到门，高贤胜境交相为重，何感乎四方骚人墨士，乐于形诸咏歌，见诸图绘，迄二十余年而顾益盛与？不然，吴中园居相望，大抵涂饰土木，以贮歌舞，而夸财力之有余，彼皆鹿鹿妄庸人之所尚耳。行且荡为冷风，化为蔓草矣，何足道哉！何足道哉！

一、景　说

耦园在苏城东北隅大新桥巷，为清沈秉成宦退隐居之所。最后的园主是刘国钧。

耦，通偶。一是夫妇双隐，过农耕的田园生活。或曰沈秉成题联"耦园住佳耦，城曲筑诗城"。耦园坐落苏城角隅，在护城河边，三面环水，有额名"枕波双隐"。

一般第宅园林，是一宅一园，而耦园住宅却在正中主轴线上。东西为园，正符"耦"字含义。从正面大门、轿厅、大厅，最后楼屋，是主人起居场所。大厅有联为王西野集句"东园载酒西园醉；南陌寻花北陌归"。东西有廊与园相连。

东园：东园主体建筑为城曲草堂，有联："卧石听涛，满衫松色；开门看雨，一片蕉声。"堂上有楼曰"双照"。楼东开敞明亮，楼下遍种秋桂，秋季凭窗品茗，桂香扑鼻，俯望园外清溪，舟楫往来，是耦园动感之借景。

一般园林建筑、山水的安排是建筑、水、山，打开门窗即可见青山绿水。耦园却是山前水后。山为张南垣手笔，黄石大斧劈皴，有洞，有谷名"邃谷"，乃高远山水之精品，气势非凡。高远山水，仅此一园。山之阳一湾绿水环绕，名"受月池"。水上架桥，名"宛虹杠"。水阴有敞轩曰"山水间"，有红木雕刻的岁寒三友的大门罩。此轩的确在山水之间。

东园东南隅有两处小小阁楼，上下有廊道相连，在外河的转角处。登楼俯瞰，楼为水所拥，名"听橹楼"。欸乃一声山水绿，在园中，即能听欸乃之声者唯此一处。

园的借景，不仅限于形色，亦可借声。如沧浪亭的"渔

宛虹杠

笛好同听"，网师园的"万卷堂前，渔歌写韵"，均用借"声"的造园手法，大大拓展了园林的意境。

西园用太湖石叠山，下有洞穴，上设云墙，形体过大，反成败笔。有堂曰"织帘老屋"。沈秉成官至安徽巡抚，其父母是农民，以织帘为生，建屋不忘其本，以敬父母养育之恩。后一进为藏书楼，庭院有牡丹台，古井一口。封闭庭院，最宜读书。

二、文 选

❀ 涉园记

清·程章华

吴城之东口娄关，承二江之脉，敢以三江之名名之。

廛如列星，四方商贾辐辏，徽逐什一，环雉为市，帷恐一草一木之妨其地。求所谓梅园、筠谷、小丹丘诸胜，盖荡乎无复有存者焉。考郡志，近自有明，城中园亭皆偏盛东北，若狮子林，若拙政，若休休，类皆贤士大夫倦游来归，累石凿池，浇花艺竹，间吟咏其中以娱老。一时英隽赡闻之士、洪笔丽藻之客，靡不聚玩耽味为歌诗，有序有记，而其名遂长挂人齿颊间。苟非其人而有其地，徒相与惋惜非笑。若今陆氏之有涉园，可谓其地其人，足以绍乎先而克称其有者矣。园逼城东隍，主人流真陆先生以保宁太守致政家居，杜门却扫，老屋数间，缥缃卷轴，日供清玩，意泊如也。间于花之晨月之夕，与校长虞东皋、同郡顾芝庭、缪南有、蒋西原诸先辈结诗酒之社，选歌征舞而外，各有诗一卷，为四方所传诵。所居之东，偶得地一区，割其半置义仓，仿朱子遗法，以济农困，岁歉则全捐其息，乡人德之。以是知保宁善政，必有深入乎民之心者，先生不言也。跨虹而南，三面皆临流。先生凿池引流，以通其中。建得月之台、畅叙之亭，绕曲槛，不加丹臒，以掩朴素。庭中杂卉乔木，渗淡萧疏，无浓阴繁葩，壅障风月，更不令栋宇多于隙地，即所谓涉园也。花时则洞开其门，纵人游观，弗之禁。夫岂好夸斗益，以陋夫人之园其园，而并以告人之廛其园者。

一、景 说

怡园位于苏州乐桥,为明尚书吴宽"复园"旧址,清道台顾文彬购置筑园。汲诸园之长,而不见自身之长也。园门正对玉延亭。

玉延亭倚墙而建,两侧连廊。外种蕉竹,庭有榴花,秋季硕果累累。亭中有碑:"静坐参众妙,清谭适我情。"为董其昌所书。亭有跋:"艮庵主人雅志林壑,宦退后于居室之偏,因明吴尚书'复园'故址为'怡园'。既更拓园,东地筑小亭,割地植竹,仍'复园'旧榜曰'玉延'。主人友竹不俗,竹庇主人不孤。一笠延秋,洒然清风,不学涪翁咒笋已。壬午孟夏萧山汤纪尚谨署。"

藕香榭

四时潇洒亭是进入怡园第二景区。循廊行，廊北为玉虹亭，室如船舱，有篆书匾额："绕遍回廊还独坐。"有联："室雅何须大；花香不在多。"北窗外，古梅数株，粉墙映衬，疏影横斜，暗香浮动，实为一绝佳之横幅，满室诗情画意。

廊南两室为坡仙琴馆、石听琴室，为园主操琴处所。园主集宋词句为联："素壁写归来，画舫行斋，细雨斜风时候；瑶琴才听彻，钧天广乐，高山流水知音。"北窗外，有湖石两方，如佝偻老者，静心聆听琴声，形神毕肖。正所谓"此时无声胜有声"，用具体形象扩大了无声的琴韵。

馆之南，有拜石轩，南庭有庭院山数峰，玲珑剔透，攀有藤萝，修竹古树，有石凳石桌，可以小憩。复廊由此转弯，进入第三景区。

复廊转角为南雪亭。匾额有跋："周阜窗云：昔淯庭坚约社友，剧饮于南雪亭梅花下，传为美谈。今艮庐主人新辟怡园，建一亭于中，种梅多处，亦颜从此二字，意盖续南宋之佳会。而泉石竹树之胜，恐前或未逮也。"南雪亭开有矩形空窗，行走于复廊，便可见空窗外的梅林。亭西向为空廊，直通"梅花厅事"（藕香榭）。榭北有平台临池，隔岸群山，有螺髻亭、慈云洞、小沧浪、屏风三叠。

怡园主建筑亦是鸳鸯厅。梅花厅面南，观山为主，有老梅数株，配以修竹、青松，岁寒三友，越显精神。春日牡丹花开，一片锦绣。藕香榭面北，观水为主。其水体为狭长形，西有水门，东有曲桥。北岸群山连绵。一水抱绿，故名抱绿湾，构成深远山水景观。

藕香榭内有联："与古为新，杳霭流玉；犹春于绿，荏苒在衣。"（集自唐司空图《二十四诗品》）廊柱有联："水

屏风三叠

云乡,松菊径,鸥鸟伴,凤凰巢,醉帽吟鞭,烟雨偏宜晴亦好;盘谷序,辋川图,谪仙诗,居士谱,酒群花队,主人起舞客高歌。"《盘谷序》全称《送李愿归盘谷序》,是韩愈的文;辋川图,是王维的画;谪仙诗,是指李白的诗;居士谱,是指苏轼的乐。顾文彬喜集宋词,涉辛弃疾、张玉田、周草窗诸人。如此集宋词句实非易事,可见园主之文化修养。

近有遯窟、碧梧栖凤。遯即遁,遯窟即为避世之窟。廊后一小轩,轩后种凤尾竹,室前有碧梧一株,大如华盖,室后凤尾摇曳,秀雅清幽,最宜小憩。

循廊向北,有一亭面向山水,亭壁为大镜,山水尽收镜内。冬日梅花盛开,可于亭内赏梅。亭名面壁,真假难分,虚幻莫测,是人间,抑或仙境?别有情趣。

廊道尽头，山头水弯处，为画舫斋、松籁阁，造型为不系舟。匾额题："碧涧之曲，古松之荫。"舟岸有高人白皮松，为怡园最深邃幽静处。园主集辛词："还我鱼蓑，依然画舫清溪笛；忽呼斗酒，换得东家种树书。"园主写诗："如舫葺空斋，临池俯高阁。日夕听松风，置身俨丘壑。"

画舫斋隔水正对慈云洞，洞有暗道通山顶的螺髻亭，鸟瞰全园。下山得经两条山洞磴道至抱绿湾。从放到收，由山至水，以小见大，颇有点"不识庐山真面目，只缘身在此山中"的意味。

缘山行，至小沧浪，茂林修竹。亭东有石屏风三，刻篆书"屏风三叠"。山下桥头，有金粟亭，四周秋桂，唯丹桂最为醒目。金粟为桂花别称。

过月洞门，即是锁绿轩。位复廊之北端，倚假山书。门额题"延爽""挹秀"。有园主人集张玉田句"移花槛小，密叶斋幽，伴压架荼蘼，依约谁教鹦鹉；款竹门深，采芝人到，任满身风露，姓名题上芭蕉。"

二、文　选

❀ 怡园记

清·俞樾

顾子山方伯既建春荫义庄，辟其东为园，以颐性养寿。是曰"怡园"。入园，有一轩，庭植牡丹，署曰"看到子孙"。轩之东，有屋如舟，署曰："舫斋赖有小溪山，涪翁句也。"其前，三面环水，左侧苍松数十株，余摘司空表圣句，颜之曰："碧涧之曲，古松之荫。"其上有阁，曰"松籁"。凭槛而望，郭外西山，隐隐见眉妩矣！绕廊东南行，有石壁数仞，筑亭面之，名曰"面壁"。又南行，则桐荫翳然，中藏精舍，是为"碧梧栖凤"。又东行，得屋三楹，前则石栏环绕，梅树数百，素艳成林；后临荷花池，石桥三曲，红栏与翠盖相映。俗呼其前曰"梅花厅事"，后曰"藕香榭"云。"梅花厅事"之西，凿环于垣，曰"遯窟"。窟中一室，曰"旧时月色"，亦余所署也。循廊东行，为南雪亭。又东为岁寒草庐，有石笋数十株，苍突可爱。其北为"拜石轩"，庭有奇石，佐以古松。又北为"坡仙琴馆"，以藏东坡琴也。馆之右有石似老人，伛偻而听琴，筑室其旁，曰"石听琴室"。又西北行，翼然一亭，颜以坡词，曰"绕遍回廊还独坐"，廊尽此矣。庭中有芍药台，墙外有竹径，遵径而南，修竹尽而丛桂见，用稼轩词意，筑一亭，曰"云外筑婆娑"。亭之前即荷池也。循池而西，至于山麓，由山洞数折而上，度石梁，登其巅，则螺髻亭也。自其左履石梁而下，得一洞，有石天然如大士像，是曰"慈云洞"。洞中石桌石凳咸具，石乳下注，磊磊然。洞外多桃花，是曰"绛霞洞"。洞之北即余所谓"古松之阴"也。出松林，再登山，有亭曰"小沧浪"。亭后叠石为屏，其前俯视，又即荷池矣。

  兹园东南多水，西北多山。为池者四，皆曲折可通。山多奇峰，极湖嵌之胜。方伯手治此园，园成，遂甲吴下，精思伟略，即此征之。攀玩终日，粗述大概，探幽搜峭，是在游者。光绪三年夏五月，曲园居士俞樾撰并书。

狮子林

一、景 说

狮子林在苏州园林路，离拙政园咫尺之地。原为寺院园林，被贝润生购得，扩大结构，成现时规模。

私家园林与寺院园林的有血缘关系。"寺"原是官署。自印度的佛教传入中国，最初传教的番僧，是住在官衙里，后来建了礼佛的寺院，如洛阳白马寺。

以后在达官巨宦中有了"捐宅为寺"的风气，如晋朝王珣、王珉兄弟捐出在虎丘的别墅，即今的海涌禅寺。又如明徐泰时，捐西宅为戒幢律寺，至今仍称西园寺。也有私家园林成为寺院的，如沧浪亭变为大云庵。

元至正年间，天如禅师从浙来苏，率门徒建菩提禅寺。天如之师中峰禅师曾结茅天目山狮子崖，取佛经的佛陀说法谓狮子吼，其座为狮子座。因园中石峰，多类群狮，故名"狮子林"，再现了说法的佛国境界。

苏州园林仅有狮子林为拟态造园，把诸多石峰象征群狮，而其他诸园均是文人笔下的山水园，形成诗情画意的境界。

贝润生购得狮子林，在东边建造了家庙祠堂，抱柱联为王蘧常撰书："似黄道流星，散落百座；意云林论稿，点活五龙。"其意指狮子林假山之多，像满天星斗；元代画家倪云林擘划的狮子林，有五条山洞，如游动的五条龙。

经小方厅，北庭有九狮峰，玲珑山峰，颇类九个活泼的幼狮。峰后有四漏窗，其造型为琴棋书画。西侧有海棠形地穴，门额题"探幽""涉趣"。到揖峰轩，轩是楼形建筑，面对山峰松柏，又名指柏轩。廊联"丘壑见奇观，古往今

狮子林

来,世居娄水,历数吴宫花草,顾辟疆、刘寒碧、徐拙政、宋网师,屈指细评量,大好楼台夸茂苑;溪堂识真趣,地灵人杰,家孚叟山,缅怀元代园林,前鹤市、后鸿城、近鸡陂、远虎丘,迎眸纵登眺,自然风月胜沧浪。"轩内有联:"看十二处奇峰依旧,遍寻云虹雪月溪山,最爱轩前千岁柏;喜七百年名迹重新,好展朱赵倪徐图画,并赓元季八家诗。"(朱德润、赵原、倪云林、徐贲。)

  燕誉堂为鸳鸯馆建筑:面南为燕誉堂。出自《诗经·小雅·车辖》"式燕且誉,好尔无射(yì)"。面北为绿玉青瑶之馆。有《狮子林记与图》。

  轩馆之西有小园曰五松园。园侧有花篮厅,曰水壁(殿)风来,为夏日赏荷之处。语出"水殿风来暗香满"。再西有一金碧辉煌的亭子,有凤戏牡丹图案,名"真趣"。传说乾隆下江南，游狮子林，安徽休宁状元黄轩随侍。乾隆至此亭，题名为"真有趣"。黄轩认为太俗，就巧妙地求皇帝将"有"字赐予，乾隆醒悟，不但赐字，还将亭子一并赐给黄轩。故此亭保留了皇家建筑的风格。

亭右池上，泊有一舟，与水泥船毕肖，无法与拙政园香洲、怡园画舫斋相比，实有蛇足之嫌。岸上有疏影暗香楼，从室内由楼梯登楼，楼西紧连假山，山中有洞，入洞，有曲折的磴道登山入楼，让假山与建筑紧密结合，不着痕迹。楼下有暗道，以保安全。山上植春梅为主，花木丛生。山顶有一亭曰"观瀑"，言主人从事外贸之不易，惊涛骇浪，志创业之艰难也。亭有横额为"听涛"。亭之南有瀑布，飞流直下汇入大池。主人以瀑布声拟海上之浪涛声，不忘沧海之旅险恶、事业之艰辛也。

循廊南行，有攒尖重檐高阁一座，其桌椅、窗户、地坪皆为梅花图案。额为"绮窗春讯"，写王维"来日绮窗前，寒梅着花未"之诗意。

西廊与南廊转折处筑一扇亭。这是造园的一个规律：当三维空间相接处，形成九十度的直角三角形，叫作隅（墙角），是空间的尽头，使之不被暴露，可用多种方法，叫"补隅"。大都种植芭蕉或修竹。狮子林在两廊衔接、转折处用扇亭补隅，恰到好处。扇亭的外弧大，面对湖山，视野开阔。亭的内弧是后壁，壁上开窗，亭后角隅叠石，种植花木，又成框景。亭两侧是门，向外看又是框景。故园林建筑，是观景点，从室内向外看，都是四壁成画。

南廊正中壁上有诗碑一方，横额为"正气凛然"，诗云："静虚群动息，身雅一心清。春色凭谁记，梅花插座瓶。"

为民族英雄文天祥用狂草撰书。笔走龙蛇，充满豪迈英灵之气。狮子林廊壁有六十七块书条石，名《听雨楼藏帖》，精刻颜真卿、苏轼、黄庭坚、米芾、蔡襄、黄道周等大家书法真迹，此外还有文天祥诗碑。

南廊东端有一堂名"立雪堂"，典出"程门立雪"，北宋程颐的两位弟子游酢和杨时拜见老师的故事。堂外庭院阶石形体类似牛头，花街铺地有两块像蟹螯的石头，庭南，一石叠成狮状，故名狮子回望牛吃蟹。

狮子林水池中心建有一亭曰湖心亭，又叫观瀑亭，有平曲桥与岸相连，另有修竹阁成"品"字形架于水上，为水上建筑。而卧云室则在山群环抱之中，极为幽静。

二、文 选

❀ 师子林记

元·危素

师子林者，天如禅师之隐处也。师既得法于天目山中峰本禅师，退藏于松江九峰者，十有余年。吴门之问学于师者，买地于郡城娄齐二门之间，实故宋名宦之别业，林木翳密，盛夏如秋，虽处繁会，不异林壑，遂筑室奉师居之。屋虽不多，而佛祠、僧榻、斋堂、宾位，萦回曲深，规制具备。林中坡陀而高，石峰离立。峰之奇怪，而居中最高状类师子，其布列于两旁者，曰含晖，曰吐月，曰立玉，曰昂霄。其余乱石磊块，或起或伏，亦若狻猊，然故名之曰师子林。且谓天目有岩号师子，是以识其本云。立玉峰之前，故有栖凤亭，容石蹬，可坐六七人，遗基在焉。架石梁绝涧，名小飞虹，昔人刻字尚存，修竹万个，绕其三面。高昌石岩公为书菩提兰若，榜其门。简斋公题其燕居之室曰卧云，传法之堂曰立雪，庭有柏曰腾蛟，梅曰卧龙，皆故所名，今有指柏之轩，问梅之阁，盖取马祖赵州机缘，以示其来学。曰冰壶之井、玉鉴之池，则以水喻其法性云，师子峰后结茅为方丈，扁其楣曰禅窝，下设禅座，上安七佛像，间列八镜，镜像互摄，以显凡圣交参，使观者有所警悟也。师名惟则，庐陵之永新谭氏世名家，初阅雪岩钦禅师禅铭，感其言之勇猛精进，厉志求学。海印如禅师道过永新，问答有契，时师年才二十余，如禅师大奇之。其后，乃师事本禅师最久，付授之外，深造远诣，莫可涯涘。本禅师尝嘱师发明首《楞严》之旨，因参酌诸家异同，为《会解》行于世。吴楚之名刹多欲屈师主之，而师坚卧不应。四方之为学者，奔走其门，皆虚往而实还，师之为教（下缺）。

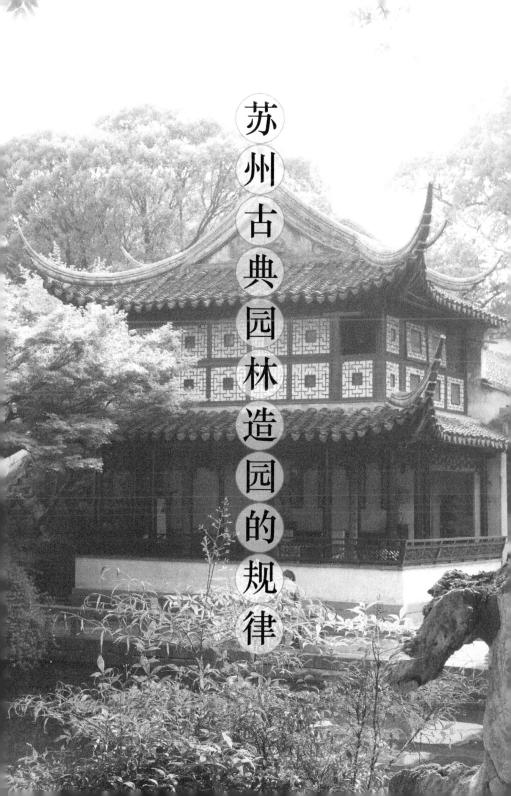

苏州古典园林造园的规律

苏州古典园林自明清两朝以来,留存大小园林计三百多处。现有九个被列入世界文化遗产名录,为拙政园、留园、沧浪亭、耦园、艺圃、环秀山庄、网师园、狮子林和退思园。苏州的古典园林多为第宅园林,因地处江南,亦名之为江南园;大多是文人营造,也称为文人园。明末清初的造园家计成,即为吴江人,他在《园冶》中指出的"巧于因借,精在体宜"是营造古典园林的原则。

"江南园林甲天下,苏州园林甲江南。"江南的古典园林像璀璨的明珠,遍洒在青山绿水的长江三角洲。不论历史的长短,规模的大小,均引人入胜,让人流连忘返。究其原因,都遵循了造园的规律。我在园林中寻寻觅觅,找到以下十五项规律,仅是一孔之见、一隅所得,难免有"管中窥豹"之嫌。

❀ 曲径通幽律

唐常建写的《破山寺后禅院》:"清晨入古寺,初日照高林。竹径通幽处,禅房花木深。山光悦鸟性,潭影空人心。万籁此俱寂,唯馀钟磬声。"第三句也有写"曲径通幽处"的。曲径通幽是造园的最基本要求。

园林中的径就是路,以曲为好。它是联系点和面的线。点和面是景点(有时线也是景点),必须用线把它们串连起来,形成园林的整体景观。

1. 线的分类

A. 暗线

a. 廊:有游廊、回廊、山廊、水廊、复廊、重廊等。园林中常见之暗线为游廊,在廊上行走即可浏览风景。回廊为建筑及庭院四周环绕的廊,如沧浪亭明道堂之回廊和

拙政园水廊

至瑶华境界庭院的回廊；依山而建的是山廊，以沧浪亭的见山楼最典型；傍水而建的是水廊，以拙政园西部凌波廊为最佳；复廊为左右有廊，中间以粉墙漏窗分隔，沧浪亭的复廊最有名；重廊为上下重叠之廊，如耦园之听橹楼即是。

  网师园入门处是一条成两百七十度的斜廊，颇见妙处。一是与小山丛桂轩的前回廊衔接，迎面是蹈和馆的窗景，为顺时针的空间序列路线；另一条为小径，是逆时针的，在曲折处与廊相接，一廊一径，由游人选择。这一曲，扩大了轩前的空间，堆砌湖石假山，就不显局促，实是一曲多得。

  沧浪亭的廊最为精彩多变。环山外围是廊，有复廊，又分山廊和水廊；与复廊衔接的有游廊、回廊。内围是小径，故苏舜钦有"一径抱幽山，居然城市间"的诗句。向南的瑶华境界、看山楼、翠玲珑、五百名贤祠以及向西的藕香榭、

耦园月洞门

锄月轩，无不用廊与其他建筑缀成一体，紧密相连，其廊的布局无有过于此者。

b. 山洞。洞内之径亦为暗线之一种。进入洞内，幽暗逼仄，出洞豁然开朗，犹如桃源境界。先从放到收，再从收到放，是欲露先藏的手法之一。如怡园与狮子林的山洞，复杂多变,妙趣横生。如怡园画舫斋对面的山洞,进入洞中,看似无路,而洞壁有一狭缝,仅容人侧身通过,形如隧道,走出去是山谷。从谷登顶,至螺髻亭,出山还得上下洞中的两条磴道,方能到达山外。

c. 室内路线。沧浪亭之廊,穿堂入室,多用对角线相连,使室内路线曲折幽深,成为四面与室外相接的临界空间,四壁成画,而室内两端与室外之廊相连,串成一体。

B. 明线

a. 路径。为室外水平(平面)方向之路线,多为左右弯曲。

b. 山径。为室外垂直(斜面)方向之路线,为上下弯曲。

C. 虚线

a. 桥。凌驾水上,为固定之路线。平桥多为曲线,而拱桥则为弧线。山涧上的桥因其小,往往是直者居多,唯网师园的引静桥是拱桥。留园西北的山水之间,竟有廊桥、山麓桥、山腰桥和岛上两小桥,计有五桥高低上下,其布局堪称典范。

b. 舟。泛游水中,为游动之路线。

c. 步石。在溪涧中的踏步石,是最典型的虚线。环秀山庄峡谷中有步石,颇具神韵。

2. 各种线必须为曲线且分两类

A. 水平曲线,为左右曲线。园林中多为水平曲线的廊路。

B. 垂直曲线,为上下曲线。多用于山廊与水廊。上下左右结合使用,山廊有盘旋攀登之感,水廊有波浪起伏之意。

留园古木交柯

3. 曲线的作用

A. 扩展空间。两点之间，直线最短，曲线延长距离，同时也扩展了空间面积。园林为有限空间，使之成为无限空间，故其线路必曲，谚曰"园曲友直"，为造园之理。

B. 曲折多姿。美学的三围即曲线美，诸物以曲为美，直则无姿，造园亦然。

C. 转换空间。行走在园林的曲径、曲桥上，随着曲线的角度变换，视线的景观在不断变化，移步换景，引人入胜。

D. 景观幽深，即曲径通幽。含蓄是美的一种，园林有曲方能藏景，方感幽深。

❀ **藏露得宜律**

园林景观应藏得巧，露得妙。

A. 欲露先藏，使之含蓄、深幽，不致一览无遗。此法惯用于园林入口处，如文学之欲扬先抑。多以山为障景，

第一空间往往是封闭空间,犹如诗的首韵、乐的起音。如拙政园一进原来的大门,拔地而起的是一座硕大的假山,耸立眼前,不见其他景观。一旦绕过大山,进入第二空间,远香堂、绣绮亭、倚玉轩诸景,映入眼帘。至远香堂北面平台,为第三空间,豁然开朗,中园美景,尽收眼底。从抑到扬,渐次展开,犹如诗的平仄声,曲的高低音。苏州诸园入口处大都运用此法,而留园则用粉墙漏窗作障景,半隐半现,又是一番境界。

B.有露有藏。园中诸景,变化万千,不可格局一律,不能呆板单调,故该藏则藏,该露则露,且藏和露都各具景点自身的特色。如网师园小山丛桂轩,前为湖石山,后为黄石山,藏于谷中,四周匝种桂树,至秋花开,香气蕴郁,久而不散,境界幽深宜人,为藏景之佳例。而看松读画轩前遍植松柏,阳光普照,林前池水,波光荡漾,放眼开阔,亦为露景之范例。

C.藏中有露,露中有藏。藏中有露是在封闭空间露出佳景,而露中有藏却是在开敞空间藏有妙处。如网师园殿春簃室内为藏,但在封闭空间露出三幅蕉、竹、梅窗景,是藏中有露。室外庭院为露,在开敞空间,涵碧泉藏于山谷,小路藏于峰后,而山洞藏于岭中,即是露中有藏。这三露三藏,手法高超,营造出无限的诗情画意,意味无穷。

在园林中也有藏而不露的地方,则是园主的私密空间,如留园的还我读书处,就藏在揖峰轩的后面。一扇小门,十分隐蔽,开门是一个不大的庭院,苔痕斑驳,绿树遮荫,内藏小楼一座,是一个全封闭的空间,的确是读书的最好场所。

苏州园林入口的门往往不大，有时要走过长长的窄弄或走廊，才能进入园林。如拙政园原入口的小弄，两边是高高的墙头，只容两人并肩，行走其间，颇感压抑。尽头处一转弯为一小庭，略为一放，稍觉轻松。但一进门楼，却是作为障景的大山，仍不见开阔的园景。这小弄加强了藏景的深度，欲放先收，这种诱导手法，增添了游园的乐趣，十分高明。留园入口处为一小庭，东边是走廊，纵横曲折，宽窄不一，明暗相间，再经一庭，方到古木交柯。此处设有一排花墙漏窗的障景，半隐半现，引人入胜。而廊形成了纵横、宽窄、明暗、虚实、收放的对比，较拙政园更胜一筹。

造园中的藏和露结合空间的疏和密，便造成了园林中的节奏与韵律，所以人们把园林称为凝固的音乐、无声的诗，非常恰切。

❀ 补隅破隅律

隅为内墙的墙角。隅是园林空间的尽头，且成直角三角形，必须加以处理，使之线条柔和，空间拓展，于不着痕迹中显现境界。有两种处理手法。

A. 补隅

可用园林四要素补之。

a. 植物：大多补以蕉竹，因竹枝修长，蕉叶阔大，可遮蔽角隅。

b. 山：殿春簃东南角则用山石补之，东南两壁为迤逦群山，形成峡谷，而所补之山正对谷口，如远山在望，与群峰连为一片，烘托出整体的浑然气势。

c. 建筑：如狮子林用扇亭补隅，内弧短而外弧长，视

网师园的叠石补隅艺术

野开阔,更宜观景。亭的后窗还可以看到角隅所补的湖石花木,不见痕迹。

d. 亦可用山水花木综合处理,唯以水前山后为原则。殿春簃西南角则用数峰高耸,中为深谷,谷底藏泉,曰"涵碧",山上遍植梅竹,山重水复,别有境界。

B. 破隅

此法不常用,必须结合地形、地貌,如拙政园的海棠春坞。坞为山坳,亦泛指四面高中央低的处所。其东西有山,为加强"坞"的感觉,于其西北角即用破隅法,以数块黄石打破墙隅,似山脚伸进小庭,以突出山居境界,意境顿生。实为画龙点睛之笔。

❀ 虚实相生律

园林中四要素为实,犹如人之肉体;而园林中之虚,亦即如人之灵魂。以实生虚,以虚映实,两相交融,方出境界。虚可见可闻,可嗅可感,惟不可及,故曰是虚。如

拙政园借景

月光日影,风声雨声,鸟语花香,蓝天白云,水下倒影,水上波光。虚实结合,由情境升为意境,进入园林中最高的理想境界,方能感悟其中的文化美和艺术美,明白其中的诗情和画意。如大苏的"水光潋滟晴方好,山色空蒙雨亦奇"写出了山和水的虚,使山水更加美丽。朱熹的"天光云影共徘徊"不仅画出了天上的光和影,更映衬出水底的天光云影在共同徘徊,虚中套虚,增加了美感的层次。

若能进入虚的境界，定使人流连忘返，乐而忘归了。

拙政园的雪香云蔚亭有两匾一联，主匾为"雪香云蔚"，雪指梅花之色，是实；而香指梅花之气，是虚。从视觉到嗅觉，虚实结合，凸现了梅的美。副匾为"山花野鸟之间"，均为实。但花的香气，鸟的和鸣，则是虚。其联为"蝉噪林愈静；鸟鸣山更幽"。蝉、鸟为实，噪、鸣为虚；林、山为实，而幽、静则是更深一层的虚，是一种越加深远的境界。不全在耳目，须用心细细体会，方知园林中虚实结合手法的高妙。

拙政园见山楼有一联："束云归砚盒；裁梦入花心。"云和梦都为虚，在这儿却化虚为实，云可以束，梦可以裁，虚和实浑然一体，是现实，抑或梦境，真是难分难解，醉心共境了。

园林之中，除了以实生虚外，也有以虚生虚的，如风和月是虚。风吹树动，月照花影，而动和影也都为虚。光和影在文人的笔下写出的文句，充满美学意味，如苏舜钦《沧浪亭记》："光影会合于轩户之间，尤以风月为相宜。"归有光的《项脊轩志》："三五之夜，明月半墙，桂影斑驳，风动影移，姗姗可爱。"张先的《天仙子》："云破月来花弄影。"苏轼的《花影》："重重叠叠上瑶台，几度呼童扫不开。刚被太阳收拾去，却教明月送将来。"园林中的最高意境是综合了其中所有的实和虚显现出来的，方才形成了它的整体美。

园林中的虚和实大多是以实生虚，如花与影；但也有以虚生虚的，如风与清。除此还可以化实为虚，如用云墙替代烟云；化虚为实，如云可以"束"，梦可以"栽"。后两种是造园和文学手法的运用,以此来营造美妙的境界,使游园者在精神上得到升华。

❀ 动静互衬律

动是园林中的主要情态,多由虚和实的结合而产生。如天上白云的飘动,风吹雨打花树和水面的声音及情态,形成视觉、听觉、触觉、嗅觉等感官上的享受,在思想感情中凸现出园林的境界,而进入美好的意境。如风吹松涛,雨打芭蕉,水面涟漪波浪,水底楼台荡漾,水中锦鳞游泳,空中鸟儿飞翔以及花的开放,虫的鸣叫……都由动产生出来,形成了园林的生命,称园林为四维空间。其中的一维是时间,时间与气象交融,春风秋霜,夏雨冬雪,无不是园林中的佳景,往往在动感中出现。动不仅是园林的生命,也是园林的灵魂,这是客观世界的动态美。

在园林中还有一种美是游园的人用脚步、眼睛、鼻子、耳朵,直至大脑(也就是心)在动感中欣赏园林美景,转化为主观意识的美,产生美好的享受;同时人们在园林中还可以品茗、饮酒、聆曲、赋诗……这是人的主观活动。把主客观的动结合在一起,形成了园林中的动感美学。

园林的四要素中,山和建筑是不动的,也只是相对而言。如山中树林被风雨吹打,春花开放,秋叶飘零,都使山活了起来。山静水动,水流山转,以静衬动,相映成趣。而静的建筑是供人赏景之所在,人们的活动,如唱曲、宴会、听戏、赏月,均在其内。尤其是廊,联系着各个景点,人们的穿梭来往,增强了园林中的动感,生出了园林的活力。

小园宜静观。园不大,应静坐山之巅、水之滨、亭之

动观流水静观山

中、松之下,左顾右盼,目之所及,皆成景观。大园宜动观。园因大,诸多景观为视线所不及,故边游边赏,遍及佳景,引人入胜处可暂行逗留,使动中有静,动静结合,佳趣顿生。

　　还有一种造园手法,甚为高超,即化静为动和化实为虚。如拙政园的浮翠阁,阁前是树,当风吹树偃,则阁浮于翠色之上;风停树复,则阁又沉在绿波之中。实际是阁不动树动,而游客所见,阁好像在翠波中浮沉。此即化静为动法。

　　另是把化静为动与化实为虚结合起来,更是妙趣无穷。如原大门入口处山腰的路,与枇杷园用云墙分隔,云墙实而不动。因造园家无法把又动又虚的东西用在其中,故用云墙来替代,而云墙就像一带飘动的云雾。宜两亭南的云墙亦复如此。凌波廊上下左右曲线的结合,也是用此手法,左右摆动,上下起伏,让人有"如履波上"之感,如此方能进入园林的意境。

◉ 形神兼备律

"形"为外在的艺术形式。园林四要素均成审美的对象，其中包含声、色、光、影等，汇聚成综合美。且四要素相互映衬，更增强了美感。如拙政园之小飞虹，黛瓦朱栏的廊桥为其形，凌于碧波之上，水面荷花、水中游鱼、水底桥的倒影，犹如彩虹，桥实影虚，桥静影动，尽显水上建筑的神韵，成为最佳景观。

"神"为内在的文化蕴涵。有形式必有内容，且二者是完美的统一。仍举拙政园之香洲为例：其形式是不系舟，有跳板、船头、前篷、中舱、后舱和楼，亦即建筑之桥、台、亭、轩、阁、楼的组合。形似舟，更是神似。不仅于此，还题有文徵明写的"香洲"二字，跋中有铭，其文曰："文待诏旧书'香洲'二字，因以为额。昔唐徐元固诗云'香飘杜若洲'，盖香草所以况君子也。乃为之铭曰：'撷彼芳草，生洲之汀。采而为佩，爱入《骚经》。偕芝与兰，移植中庭。取以名室，惟德之馨。'嘉庆十年岁在乙丑季夏中浣王庚跋。"舟行于水，而水中大的陆地是洲，小的是汀。洲、汀之上，长满芳草香花，而《离骚》则把芳草香花比为君子，表现了主人的高尚的道德和情操，道出了该建筑的内涵，强化了园林景点的文化内容。

苏州园林有好几处不系舟，最差的是狮子林的画舫。其形洋不洋、中不中，活脱脱的一艘水泥船。形态不佳，何谈神韵？其他如怡园的画舫斋较好，而留园的怡舫既无形，更无神了。

其他如看山，不但观其外形之美，还得体会其内涵的

美。如太湖石之外形为皱、瘦、漏、透，更重要的，要知其内在的品质为清、拙、顽、丑。两者结合，则形神兼备，更增加了它的欣赏价值。李白的"相看两不厌,唯有敬亭山"。辛弃疾的"我看青山多妩媚，料青山见我应如是，情与貌，略相似"。这情就是神，这貌就是形。只有做到了形神兼备、物我两忘，这才是园林中最高的境界。

再举杜牧的一首小诗印证："楼倚霜树外，镜天无一毫。南山与秋色，气势两相高。"楼和林是实，也是形，天和毫，一虚一实，还是形。后两句的南山是实，秋色是虚，仍是形，而气势则为神了。形有两种，一种为有形之形，如楼和林；一种则为无形之形，如天和秋，可见可感，唯不可及。把山（实，有形之形）和秋（虚，无形之形）结合起来，便生出了气（虚，无形之神）和势（实，有形之神），就有了神，做到了形神兼备。不光是园林，好的诗和画也都是形神兼备的佳作。

形往往是实的，而神往往是虚的，这两者相互交织，密不可分，形成一体。

当前有一种媚俗倾向，迎合低下层次的心理，介绍园林，低级庸俗。如拙政园之见山楼，被说成是龙头，两座曲桥是龙须，长廊是龙身，还说什么"神龙见首不见尾"，近乎胡编乱造，而听者兴趣盎然。其形不伦不类，也就谈不上神韵，竟然有何满子的门额题名"矫若"，令人不禁哑然失笑。

❀ 互妙相生律

园林中山、水、花、木四大要素俱全，构成了园林景色，四者之间，相互映衬，相互补允，交相渗透，组成了诸多风景。尤其是两要素之间结合得好,就能互妙相生。乾隆题圆明园多稼轩十景之一的互妙楼有一段话:"楼之妙在纳山,山之妙在拥楼,映带气求,互妙相生。"讲出了山与楼之间的美学关系,映带是讲山与楼外形的映衬,亦即是形;而气求则讲山与楼的内在气势结成一体,亦即是神。既是形神兼备,也形成了"互妙相生"。

在苏州园林中,将两要素结合得天衣无缝的也不乏佳例。如网师园的月到风来亭,完全符合此规律。"亭之妙在纳水,水之妙在拥亭,映带气求,互妙相生。"亭为六角,五面环水,用"拥"字恰到好处。在亭中彩霞池尽入眼帘,波光水影,莲花游鱼,点活了一池碧水,是水园的代表景点。再如沧浪亭仅在山巅建有一亭,即沧浪亭。亭被山四周环抱,在亭中鸟瞰,山群历历在目,山和亭无论在形式和气势上都浑然一体。登山上亭,几疑不在园林之中,而是置身大自然的怀抱。园林的许多美景都运用了这项规律,表现了美学的普遍性原则。

网师园中住宅和园林的结合亦可以说是互妙相生。宅的西山墙较高,而园的水池又较低,使宅园完美结合,确实不易,竟然不见一点斧斫痕迹。宅的两个山墙上用弧形硬山顶,下面砌一条檐口,看上去山墙在檐口的后面,视觉上有了层次。再下面开了四方盲窗,让山墙不显空白。北端建有一歇山半亭,与撷秀楼相通。南端种一株木香,攀满半墙。中段离墙近池堆有一山,墙与山之间,有一小径。山上紫藤,山边桂、李、紫薇,满目琳琅。从月到风来亭向东看去,宅墙是纸,山、亭、花木,就是画在纸上的图画。

更妙的地方是宅后与园中建筑的组合，在视觉效果上从上到下可以分为四个层次：园东五峰书屋与宅后撷秀楼相隔一廊一庭，但不是位于南北一直线上，而是向西错位四分之一宽度，其西与之相连的是集虚斋，更是向后退了二分之一的纵深，三者都为硬山顶建筑。通过这样的错落布局，与前部住宅的卷棚山墙共同构成了一条参差有致的天际线，为第一层；竹外一枝轩的坡顶与半亭的歇山和翼角为第二层；轩两边的廊为第三层；轩、廊、亭下部的鹅项椅为第四层；第五层则是池边的石岸。整体画面从上到下，宅和园结合紧凑，高低参差，层次分明，且丰富多彩，实为宅和园互妙相生的典范。

网师园环池有六个建筑，四大两小，各具精彩，各有妙处。除月到风来亭（晚景）与彩霞池的互妙相生，小山丛桂轩（秋景）与看松读画轩（冬景）的藏露得宜外，而竹外一枝轩（春景）濒临水边，濯缨水阁（夏景）则高架水上。东岸的半山亭（朝景）与池以及对岸的月到风来亭和长廊相映成趣，互妙相生。

环池的六个建筑四大是池北春冬二景，池南是秋夏二景，两小是东西二亭，一早一晚。正如欧阳修在《醉翁亭记》中所说的："朝而往，暮而归，四时之景不同，而乐亦无穷也。"

东岸的半山亭为朝景所在，起初令人不解。早上的景致应从西向东，看旭日东升，朝霞满天，这儿却相反，为何？经过琢磨，才明白造园家构思的巧妙，手法的高超。池东是高耸的宅墙，即使从西向东望，也不可能看到朝景，而造园家正利用墙高池低，改成由东向西望朝景的妙趣。

当朝阳升到宅墙的上空时，彩霞池便被阳光普照，池上波光粼粼，池中锦鳞游泳，水底倒影荡漾，一池灿烂；而对岸的亭与廊以及石岸边的藤萝小花，鲜艳夺目；更有趣的是水池的反射光，映照在亭、廊之上，闪闪晃动不停，让我们看到了光、影、色交织成最美丽的画图，而半山亭与彩霞池也产生了互妙相生的最佳效果。

夏景濯缨水阁高架池上，坐南朝北，临池是一排雕栏，为一歇山卷棚式建筑，檐牙高啄，轻盈小巧，态势飞动。与右侧的云岗，一轻一重，傍山面水，相映得体。因其为水上小阁，且向北正对彩霞池，清风阵阵，故夏日至此，炎热为之一扫。既可看山赏水，又可观荷亲鱼。水阁拆去门隔，便成了一个小戏台，因为高架水上，产生声音共鸣效果，无论吹箫弄笛，或演曲唱戏，音响极佳。它与水池也是互妙相生。月到风来亭与水阁形成犄角，在亭上，一边赏月，一边饮酒，一边看戏，是一绝妙的去处。建筑之间的互妙，不得不使我们感叹造园家之造诣。

❀ 以小见大律

中国的古典园林是在城市里用人工造成的，故曰城市山林。达官宦归或文人隐退，在喧嚣的城市中，无法经常与大自然接近，为了能寄啸山林，吟唱水滨，玩花赏月，卧石观鱼，让自己逍遥其间，便在一方土地中，叠山理水，植树养花，建造亭台，便有了城市山林。第宅园林总体占地不大，在咫尺之间，用写意手法营造山水，故既重形更重意，于园林空间描绘出自然山水意境。其山水不在大而在于精，一峰耸立，即能"片山有致，寸石生情"。一泓池水，便能"纳千顷之汪洋，收四时之烂漫"。不愧是"纳须

网师园引静桥眺远

"弥于芥子"的"壶中天地"。

　　苏州园林之中颇多佳例：如网师园殿春簃南面的山水布局，谷底藏泉，峰后藏路，于方寸之地，再现了陆游笔下描绘大自然中山水的"山重水复疑无路，柳暗花明又一村"的诗情画意。再如网师园的引静桥为拱形，高架槃涧之上，桥小不见其涧窄，涧窄不显其桥小，非常得体。更妙的地方是从对角线的曲桥上向引静桥望去，利用透视学近大远小的原理，感受到水池的深远；因两桥在对角线上，使水面更加悠长；而曲桥在池尾的水湾处，桥两边的水面一大一小，形成对比，愈显出彩霞池的开阔。靠近水池四周的建筑，为两亭、一轩、一阁，均形体纤巧，一亭、一阁，高架水上；而另一亭下面，有深凹之水穴，一轩办紧贴水边，更见池的烟波浩渺，成为近水园的典范，这以小见大的手法令人叫绝。

苏州环秀山庄的山水被称为吴中第一名山，名副其实。地仅占半亩，于其中叠山理水，以小见大，且形神兼备，据说是戈裕良的手笔。从西南角溪上小桥入山，经崖道，入山洞，过峡谷，跨步石，登山顶，渡石梁，越天门，驻山亭，观瀑布，山势峻峭，山意盎然。从入到出，"路长七十四公尺"，翻山越岭，令入山者置身于大山幽谷之中，颇有"云深不知处"的意境。其以小见大的手法、形神兼备的境界，可谓登峰造极，实为大家手笔，空前绝后。

这园林的咫尺山林，意味无穷，令人流连忘返。苏州最小的园林是残粒园，仅为一亩之地，造园的四要素俱全，且尽显境界，亦为以小见大之范例。

环秀山庄假山

❀ 以少胜多律

在人工营造的城市园林中，因占地面积不大，故其不在于多而在于精。且园林中被分为许多空间，有大有小，有封闭，有开敞，该密则密，该疏则疏，做到疏密有致，大小相宜。如网师园仅有一池水，是彩霞池；仅有一座山为云冈，全现了平远山水境界。狮子林假山林立，有五洞十二峰，山水壅塞，章法杂乱，毫无文人笔下的山水意境。沈三白在《浮生六记》中曾指出其不佳之处。究其原因，该园为拟态造型，原是佛教园林，为元代高僧天如禅师因纪念其师中峰禅师而建造。中峰曾结茅天目山狮子崖，故诸山为群狮形象，再现佛陀说法，群狮怒吼的佛国境界，与写意山水截然不同。

网师园殿春簃平台前的一块阶石，用的是自然形体的太湖石，它的实用功能是台阶，而它的艺术功能却是群山的余脉。如放一块平整的阶石，便会索然无趣。这小小的余脉，与群山呼应，气势尽现，既是以少胜多，亦是以小见大，堪称佳作。还可以把它看成是"诗的余韵""曲的余音"，使游园者"余意未尽，余味无穷，余情未了"，真是出神入化之笔。

园林中之框景，实为画幅，一门一窗，皆具画意，均有诗情。一叶芭蕉，几竿修竹，均为佳景。"窗含西岭千秋雪，门泊东吴万里船。"尽现一岭积雪、一叶扁舟的境界。另如山间林中仅有一亭，水畔桥边只容一榭，庭前独竖一峰，路边散花数朵，均是佳例。面积不大的水面，不应遍植绿荷，只宜点以睡莲，养蓄少数游鱼，像留园、退思园池中大量鱼群，成了农村养鱼塘，意境毫无，趣味索然。

宋人画意，以疏为上。马远之一角，夏圭之半边，寥寥数笔，以少胜多，疏朗有致，其留白处均有画意，即意在画外，方成高手。造园亦复如此，庭院之中，奇峰耸立，几缕藤萝，数枝花木，意境顿出。如留园五峰仙馆之庭院山，层峦叠嶂，连绵横亘，充实庭院，终觉臃肿。应以简练为佳，烦冗则陋，故以少胜多，实为造园之规范。

❀ 声色隽雅律

园林中的声和色是构成园林美学的重要元素，视觉和听觉，是人与外界接触的两个重要感官，所谓"有声有色"，即是通过耳、眼把客观的图像和声音化为主观意识的美，进而产生美好的视听享受。

园林中的色最使人注目，第宅园林的建筑颜色淡雅，和谐幽静，粉墙黛瓦，青砖栗柱，远近宜人。园中粉墙，即"粉墙为纸，山木为绘"，院墙内外，均成图画。人们于其中活动，增色不少。

园中的花草树木是主色调，以绿为主，随着季节的变化而变化，从春色的姹紫嫣红、夏季的浓荫、秋天以红黄交织的灿烂，到冬日的萧条，再加上气象万千，变幻无穷，实是五彩缤纷，目不暇接。而园中的山水也随着季节、气象在变换各种色彩。春山青，夏山绿，秋山黄，冬山白；春水碧，夏水青，秋水蓝，冬水黑，加之日光月影，蓝天白云，色彩千变万化，集造化之大成，无过于此。园林之山，往往以花树显示其色彩和季节，如春山种梅，其色白；夏山以乔木为主，绿树成荫；秋山种橘、枫、乌桕，黄红交织；而冬山则宜松、柏、蜡梅，呈现季节的特色。园林之水亦须点色，花落流水，萍漂池上，池中荷花、水边芦苇、水

波的荡漾、水底的倒影,无不为水增色。园林中不仅有四季的色彩,而气象的变化更加强色彩的绚丽,如日光的清晰、月影的婆娑、迷雾的朦胧、风雨的飘忽、霜露的皎洁、白雪的晶莹……光和色融为一体,实是五光十色,大自然的画笔是任何画家为之相形见绌的。园中的游客衣帽色彩缤纷,雨中的伞、夏日的扇,交汇成人文色彩与自然色彩竞相媲美,更增添了园林的景色。

风声雨声,水流露滴,鸟鸣蝉噪,蛙鼓鱼跃,无一不是天籁之音。植物之针叶、窄叶宜风,阔叶宜雨,故有松涛蕉雨之说。松类为针叶,叶间有缝隙,风与之摩擦成声,形成松涛。而竹为窄叶且修长,经风摇摆有萧萧之声。阔叶如蕉、荷、梧,其叶面宽大,接触的雨多,声音愈响,唯夏秋最佳,因春天初长新叶不大,且春雨潇潇,雨点也

拙政园留听阁

不大，故听蕉、荷之声以夏秋为宜。"窗护芭蕉夜雨凉"，"留得残荷听雨声"，"梧桐更兼细雨，到黄昏，点点滴滴"，都是写园林之声的名句。其他如春夏飞鸟和鸣，夏秋蝉噪蛙鼓，"鱼跃于渊，鸢飞戾天"，均为佳音。原来作为私家园林，主人往往豢有鹿鹤，如留园就有鹤所。鹿鸣鹤唳，亦为园林之音。其他如秋虫之唧唧、冬雪之淅淅、果实之坠落、枯叶之飘零，均有声音，唯得静心聆听，方有所得。

人们在园林中活动，时有宴乐，拍曲弹琴、吟诗清唱、台上的演戏、宴会的欢笑，亦是声音。此类声音往往会破坏天籁之音，是不足之处。如吟诗清唱，主客观境界协调一致，当为园林增色不少。

❀ 轴线对应律

轴线是指园林中景点的坐标轴，每一个建筑就是坐标轴上的一个景点。他们散布在园林之中，看上去左右参差，东西错落，实际上园中的主建筑都在纵坐标和横坐标交叉处，即原点。如拙政园从原大门到雪香云蔚亭为 y 轴，绣绮亭到倚玉轩为 x 轴。远香堂即为坐标轴的中心（原点）。除此，其他相对的景点，则在对应线上。对应线有直有斜，如雪香云蔚亭与待霜亭及见山楼在一条直的对应线上，而嘉实亭与雪香云蔚亭则在一条斜的对应线上。拜文揖沈之斋与宜两亭为直的对应线，而与谁同坐轩、笠亭、浮翠阁则在一条斜的对应线上。

最佳的例子是沧浪亭。以亭为中心，从面水轩到观鱼处由复廊连成一线，其中点的垂线穿过亭心由明道堂到瑶华境界为纵轴，东西两边的御碑亭连成一线则是横轴。亭的对角线由清香馆到观鱼处，另一条为面水轩到闻妙香室，

而它们的交叉点也恰好在亭的中心。轴线和对应线同一中心，便更加突出了亭的位子。于不对称中见对称，是造园艺术的上品，故沧浪亭实是姑苏第一园。

凡是在轴线和对应线上的景点都是对景。纵向水系往往在两端形成对景，如拙政园的留听阁与塔影亭，一在水中，一在台边；再如拜文揖沈之斋（俗称倒影楼）与宜两亭一在水边，一在山上。但无论从哪一个景点，都可以看到对景的倒影；而横向水系得水面开阔，方可见到对景的倒影，如远香堂与雪香云蔚亭、卅六鸳鸯馆与浮翠阁。形成对景的建筑各不雷同，且地理位置亦不尽相同，风景各异，妙趣横生。

❀空间分隔律

园林为四维空间，时间为纵，空间为横，交叉成园林的四维空间。在这大空间里，根据景点，又分隔成不同的各类空间。总体可分为三类空间，封闭空间、半封闭或称半开敞空间及开敞空间。

拙政园一进原有的大门，拔地而起的是一座黄石假山，门楼到假山的空间很窄，是封闭空间。为了藏景，不致一览无遗，形成含蓄深幽的境界。转换到第二空间竟有五条路之多：廊路、山麓路、山洞路、山顶路、山腰路。第一空间与第二空间的转换处叫转景，不着痕迹，手法高妙，山之西一、二空间的衔接处为一座曲桥；山之东为下山的坡路，过桥或下山，即进入半开敞空间。分隔两空间的除了山还有水，既是山水景观，又是分隔空间的屏障。第二空间一放，眼前景色较前者开阔，心胸也为之一畅。绕过远香堂，至临水平台，放眼眺望，中园景色，尽收眼底，令人心旷神怡。此处为第三空间，即开放空间。三类空间犹如诗的平仄声，曲的高低音，抑扬顿挫，婉转悠扬，动人心弦，不愧为无声的诗、凝固了的音乐。

园林多用建筑来分隔空间，如网师园三个空间，由北面的竹外一枝轩向南，是彩霞池，为开敞空间；小山丛桂轩至琴室围墙，为半封闭空间；墙内为封闭空间。分隔空间的最佳范例当为留园的揖峰轩，其石林小院为中心庭院，共分隔成八个不同形式的空间，有长方形、三角形、多边形等。所种花木，亦不尽相同，有蕉有竹，有树有花，主庭还有一峰。尤其是石林小院的小亭，一门三窗，前牡丹、玉兰、蜡梅、蔷薇，后山石、紫藤，右竹左蕉，乃园之精品。其联曰："曲径每过三益友；小庭长对四时花。"恰如其分。

拙政园之枇杷园为园中之园，其分隔手法高超，令人惊叹不已。园西用云墙与原大门入口的黄石假山分界，如进入大门走在山腰路上，云墙化实为虚、化静为动，成了缥缈的云雾，其外面是枇杷园的景色，恍如仙境。反之，从内向外望，可见云雾带上的山林。下得山来，穿过云墙中的月洞门进入枇杷园，好似分云破雾，飘飘欲仙，并非人间。该园未让云墙一隔到底，中段耸立一山，山上有亭曰绣绮，既可从枇杷园外，又可从园内登山入亭，而云墙飘浮入山，天衣无缝。山后有一路径通向大园，似断似续，若隐若现。末段为海棠春坞之馆斋，架于溪上，傍山临水，静谧清幽，易思归隐之念。此实为分隔园林空间之典范。在园内有四座建筑，组成三类空间，嘉实亭与玲珑馆之间为开放空间，听雨轩为半开放空间，而海棠春坞则为封闭空间。园内游赏，如诗、如画、如曲，实是"可以

栖迟"。

题景点景伴

园林中每一个建筑都是一个景点，每个景点都有一个主题，其匾额便是景观的主题。书写匾额的书法有真、草、隶、篆，如果不认识，就很难了解景点的主题，而园林文化又有深层次的内涵，懂得匾额才能明白景点。除了匾额以外，还通过楹联来突出景点的境界。两者相辅相成，相得益彰。

园林中的匾额大多出于诗、词、文章。如：拙政园的远香堂，源于周敦颐《爱莲说》的"香远益清"；留听阁出自李商隐的诗句"留得枯荷听雨声"；而与谁同坐轩则出自苏东坡的词句"与谁同坐？明月、清风、我"。

园林中的楹联亦是如此。除自撰联外，便是集句联了。如沧浪亭的"清风明月本无价，近水远山皆有情"。前者为欧阳修的诗句，后者为苏舜钦的诗句。苏舜钦与欧阳修是好友，他用"四万青钱"买下了沧浪亭，便邀请欧阳修前来。当时欧阳修在滁州做知州，交通不便，未能亲至，便写了一首长诗送给苏舜钦，其中有"清风明月本无价，可惜只卖四万钱"。而苏舜钦写的一首诗中有"绿杨白鹭俱自得，近水远山皆有情"句。清朝福建长乐人梁章钜任江苏巡抚时，重修沧浪亭，"好事者合献楹联，而惬心贵当者实少"。"因辑《沧浪亭志》"，便集了欧、苏的诗各一句，成了今天的楹联。仰止亭的"未知明年在何处，不可一日无此君"，前句出于王禹偁的《黄岗竹楼记》，后句是《世说新语·任诞》写王子猷种竹的故事。怡园藕香榭的楹联："水云乡，松菊径，鸥鸟伴，凤凰巢，醉帽吟鞭，烟雨偏宜晴亦好；盘谷序，辋川图,谪仙诗,居士谱,酒群花队,主人起舞客高歌。"均集于辛弃疾的词句。集诗句可以是一个人的诗句,也可以是两个人的。

楹联也是文学体裁的一类,犹如文学中散文、小说、戏剧、诗歌等。

拙政园的雪香云蔚亭,另有一匾是"山花野鸟之间",有一联为"蝉噪林愈静;鸟鸣山更幽"。主匾写初春梅花开放景色,副匾是春天山景,而楹联则道出夏秋山林景观。每个景点四季均可赏景,唯主题景观更为鲜明。欣赏园林不仅要读懂匾联,更要用心领会其义,方能进入其中的佳境。

园林中除亭台楼阁有匾额外,在门、廊等处也常见到。如网师园园门正面为"网师小筑",一见自明;而背面是"可以栖迟",典出《诗经·陈风·衡门》:"衡门之下,可以栖迟。"这是对园中美景的整体评价,也就是"流连忘返"。循廊向前,有"樵风径",为瓶颈通道,利用对流原理,来去有风,高妙精彩。再向前题有"岩腹涧唇",点出此处景色,在深山水边。再如拙政园的枇杷园,前额为"枇杷园",一望便知;而后额"晚翠",为书面语的暗示,出自《千字文》"枇杷晚翠",看到晚翠两字,便知是指枇杷了。见山楼前的廊上有"柳荫路曲"一匾,源于唐司空图《二十四诗品·纤秾》,说明此处景色的诗情画意。小沧浪处的廊桥有匾为"小飞虹",言其小而似虹,而"飞"字则点出桥的倒影在飞动,其虚、实和形、神尽现,成了传神的景点。十八曼陀罗花馆东门砖额有"来薰"二字,用典出自《南风歌》:"南风之薰兮,可以解吾民之愠兮;南风之时兮,可以阜吾民之

财兮。""薰"是温暖的意思,即吹来温暖的南风,南风亦可称为薰风。南风可以化解老百姓的怨恨,及时吹来的南风还可以增加老百姓的财富。比喻统治者好的政策像温暖的南风。其他三个门额为"迎旭""纳凉""延爽",均指气候。沧浪亭之水借园外的葑溪为界,园内仅有一池,山石上有俞樾的题字"流玉",亦出于《二十四诗品·委曲》,点出这一池水像流动的碧玉,恰到好处。留园明瑟楼无梯可登,唯有楼阁山一座,题名"一梯云",源于郑谷的"上楼僧踏一梯云"。除了山和水的题名,也可山水并题,如冠云峰和浣云沼的题句:"白云怡意,清泉洗心。"出于李邕《叶有道碑》,由清人吴廷榕集句。园林中有些匾联,如留园刻在涵碧山房西走廊的"溪山深秀",网师园的门额"可以栖迟",沧浪亭上的楹联"清风明月本无价,近山远水皆有情",都是对园中景观的整体评价。园林的匾额不仅题于亭、轩、楼、阁、堂、榭,也可在门额、走廊、小桥、山水处题名。匾联有总有分,亦须分清,方明其意。

园林中也有些楹联比较深奥,不易弄懂。如拙政园倚玉轩的"睡鸭炉温旧梦;回鸾笺录新诗"。一是篆书难认,二是省略了两部分句子成分:主语"我"和介词结构"在……边"。补充进去,为"(我)(在)睡鸭炉(边)温旧梦";下联亦复如此,而介词结构为"在……上","(我)(在)回鸾笺(上)录新诗。"

网师园看松读画轩耳室的"天心资岳牧;世业重韦平"因为用典,故难读懂。其上联指尧舜时代分四岳十二牧管理天下,天也有意相助;下联为西汉韦贤、韦玄成和平当、平晏这两家父子为相的故事,为帝王事业所倚重。

沧浪亭五百名贤祠的匾额为"作之师",出于《尚书·泰誓》:"天佑子民,作之君,作之师。"作之师仅为三字,是古汉语语法一种较为复杂的结构,为兼语式为动双宾语。现图解如下。

介词动词代词(1)名词(2)
｜作｜之师
为｜他们｜(状:介宾)
树立师表(谓:动宾)

"作"是兼语,先作介词,与第一宾语"之"组成介宾结构,翻译为"为他们";再作动词,与第二宾语"师"组成动宾结构,翻译为"树立师表"。介宾结构作状语修饰动宾结构的谓语,应翻译为"为他们树立师表"。可见园林文化的层次之深。

园中景点应分为两类,一为自然景观,一为人文景观。自然景观是以山水花木为欣赏对象,而人文景观则以体现人的精神和品质为主题。如沧浪亭的"翠玲珑"以竹为主题,是亭主人苏舜钦的诗句,"秋色入林红黯淡,日光穿竹翠玲珑"是自然景观。明道堂则是人文景观,源于苏舜钦《沧浪亭记》的"观听无邪,则道以明"。再如拙政园的嘉实亭以枇杷为主题,借用黄山谷的"江梅有嘉实",嘉是美好的意思,实是指枇杷。而玲珑馆匾额为"玉壶冰",出于南朝宋鲍照的《代白头吟》:"直如朱丝绳,清如玉壶冰。"则以人的心灵纯净为主题。唐王昌龄诗:"洛阳亲友如相问,一片冰心在玉壶。"即是明证。不可把两类景点混淆,模糊主题。

组成匾额有多种方式,有单一的,也有复合的。自然

拙政园框景

景观往往以山水花木结合在一起，且有明有暗。如沧浪亭的面水轩和观鱼处，都是单一的，也是明的；清香馆和闻妙香室，都是单一的，却是暗的。前者指桂花，后者指梅花。再如网师园的"殿春簃"，簃为高楼旁的矮小房屋，殿春是宋人的诗句："多谢化工怜寂寞，尚留芍药殿春风。"

殿春簃内景

此处原为芍药圃，殿春乃暗指芍药。复合式有两个明的，也有一明一暗的。如网师园小山丛桂轩和看松读画轩都是明，而竹外一枝轩则是一明一暗，源于苏东坡的"江头千树春欲暗，竹外一枝斜更好"。一枝是暗指梅花。匾额内容的单一和复合以及明和暗的不同，既准确表明景点的景观，在书法上的书体又有正、草、隶、篆，形式丰富多彩，显示出园林的文化美和艺术美。

园林诸景，造景各异，因游园者的视野、视角不同，故形成各类景观，如借景、对景、仰景、俯景、框景、障景、

隔景、夹景……其中以借景为佳。计成《园冶》："园林巧于因借，精在体宜。"是造园的原则。借景又分实借、虚借、近借、远借等。框景由门窗形成的是规则框景，山洞形成的则是不规则框景。我在品园时，发现两框套叠，故名之为套叠框景。如拙政园的别有洞天和网师园的竹外一枝轩，内为一圆洞门，外为栏、柱形成的矩形，使矩形内接于圆，便成了套叠框景。还包含了古人"天圆地方"的认识和儒家"无规矩不成方圆"的道德观。

❀ 诗情画意律

苏东坡评王维的诗和画是"读摩诘之诗，诗中有画；观摩诘之画，画中有诗"。诗和画是诗人、画家对大自然的感悟，用文字和画笔记下的真情实感，诗和画源于自然，也高于自然。

古典园林是人们仿造的自然环境，与诗画同出一源，亦是高于自然。往往人们评论风景为"如诗如画"。其实园林就是无声的诗、立体的画，园林的意境完全体现了诗情画意。

园林中的建筑是主要观景点，在其中赏景就必须有最佳的效果，体现出诗情画意。故园林建筑的轩、榭、亭、馆往往是四面临界空间，即在屋内向四面观看，都是景色，既是画意，又是诗情。所以园林建筑的室内要求应达到"四壁成画"。但有些房屋只有两面与外界相临，另两面就得挂上图画。景和画的关系是：景为真的景，假的画；画为真的画，假的景，以达到"四壁成画"，也就是四面观景的效果。挂出的诗画一定要与景点相符，否则会文不对题。如网师园的殿春簃，南门为开敞空间，谷中藏泉，峰后藏路，岭内藏洞，都是诗情画意。北窗为三幅框景，芭蕉、翠竹、梅花，是三幅画，也是三句诗："芭蕉分绿上窗纱"，"竹摇清影罩幽窗"，"寻常一样窗前月，才有梅花便不同"。前后均可观景。东西两墙原本挂的是两首芍药诗、两幅芍药画，主题鲜明。现在改挂两首牡丹诗、一幅牡丹画，这样就不切题了。但再看松读画轩却处理得十分巧妙，轩西面有一耳室，无法开窗，便在六幅屏门上画了山松图，与东面六扇窗相对称。一画一景、一假一真、一实一虚，做到四壁成画，设计高明。园林中有的亭靠墙而建，在墙上补一面镜子，既扩展了空间，又虚借了风景，实是一举两得，仍符合室内看景的要求，这是虚的处理。如果亭的一面是墙，墙后有景，则必开一空窗，框景就是挂在墙上的一幅画。这是实的处理，都达到了"四壁成画"的要求。

在室外看园林的各类建筑，便又与山水花木组成美丽的景观。试想没有建筑，又哪儿来的诗情画意？西窗剪烛、东篱把酒、楼台倒映、湘帘午卷、画堂昼暖、孤馆春寒、月楼花院、曲桥朱栏……当这些诗和画展现在我们眼前，强烈地震撼着我们的心灵，我们才能深深感受到园林的文化美和艺术美。

我们在室内，四面观望，皆是风景；到了室外，而建筑又变为风景的组成部分，所以建筑在园林中形成了看和被看的相互关系，产生出无限的诗情和画意。

园林的匾额楹联多出于诗词，点明了这一景点的诗情，俯拾即是。如拙政园嘉实亭的楹联"春秋多佳日，山水有清音"。上联是陶渊明诗句，下联为左太冲诗句。卅六鸳鸯馆的楹联"燕子来时，细雨满天风满院；栏杆倚处，青梅

如豆柳如烟"是欧阳修的词句。只有用诗词的句子，才能准确表达眼前景色的境界。再如雪香云蔚亭，源于香雪海。乾隆六下江南，均至苏州，春日郊游，抵光福，登邓尉，山上遍植梅花，兴发题字为"香雪海"。该亭即源此意。初春登亭，犹如邓尉。观此景色，浮想联翩，有关梅的诗词，连贯而出。林和靖的"疏影横斜水清浅，暗香浮动月黄昏"。陆放翁的"零落成泥碾作尘，只有香如故"。卢梅坡的"梅须逊雪三分白，雪却输梅一段香"。李清照的"染柳烟浓，吹梅笛怨"。王安石的"遥知不是雪，唯有暗香来"。李后主的"砌下落梅如雪乱，拂了一身还满"……一枝梅花，便能引出无限诗情。亭上的一副楹联，亦是脍炙人口的名句，为南梁王籍的《入若耶溪》："艅艎何泛泛，空水共悠悠。阴霞生远岫，阳景逐回流。蝉噪林愈静，鸟鸣山更幽。此地动归念，长年悲倦游。"这首诗被评为"隽语当时传诵，以为文外独绝。"此联为同类对，整饬、工丽，但易流于板滞，或犯合掌之病。《蔡宽夫诗话》评："晋、宋间诗人造语虽秀拔，然大抵上下句多出一意。如'鱼戏新荷动，鸟散余花落'，'蝉噪林愈静，鸟鸣山更幽'之类，非不工矣，终不免此病。"他认为如"王荆公以'风定花犹落'对'鸟鸣山更幽'，则上句静中有动，下句动中有静，方成佳句。"可见作诗之不易也。

　　中国画自唐以来形成两大画派，一是以王维为代表的写意画，一是以李思训为代表的工笔画。一偏重于神，一偏重于形，但均要形神兼备，方成佳作。园林中的山水，就是按画理、画论来布局的。如山的用料、堆砌，讲究皴法和山的气势。网师园的黄石假山，用的是大斧劈皴，并按岩石的节理横向展开,竖向升高,使之"腹虚而无翼",堆砌成平远山水的形态和气势,形神兼备,实为佳作。

该园之水,为方形水系,有头有尾,层次分明。从源头至小桥为槃涧(桥下刻有"槃涧"的石额一方,系宋时遗物。'槃'是弯弯曲曲的意思),过桥为开阔的彩霞池,于其西北角有曲桥,一侧为大池,另一侧则为水湾,是为水尾,有放有收,首尾呼应。而云岗正对开阔的水面,表现出"天高青山远,水低白云近"的诗情画意。

沧浪亭的山从东望去,山径弯弯,层峦叠嶂处,遍植翠竹,山顶丛林中,巍然一亭,歇山飞檐,古朴大方,亭后树林森森,一望无际,俨然是大痴的山亭图画。

在翠玲珑东边有一小门,为一有耳花瓶的造型,门外青蕉数株,看上去蕉叶好像画在花瓶上似的,如果有少女站在门下,就是一幅工笔的青蕉红粉图。

有诗情处必有画意,有画意处也必有诗情。如"一帘晴雪卷梅花"这句诗,给我们的也是一幅动感图画:卷起帘幕,从一线展开,到一段画意,卷完窗帘,寒窗外,一枝雪梅,顿现眼前,雪霁日出,红装素裹,妖娆多姿,情态万种,是一幅绝妙的晴雪梅花图,这实在是最佳的框景。而窗框四边镂花窗棂,也增加画面形式的精美。水面的花瓣,既是图画,又是"流水落花春去也"的诗意;满地残红,是画图,但也是"落红不是无情物,化作春泥更护花"的诗句。其实,诗情和画意是分不开的整体,"诗中有画,画中有诗"也是对园林景观最确切的评价。

园林博物馆里的园冶部分,用诗和画来表达意境。画是照片,诗是题句。有一幅画面是走廊,还有一条长凳,

十分简洁，可惜题句不对，原句为"沉醉不知归去"，应改为"绕遍回廊还独坐"，廊是给人走的，凳是给人坐的。一明一暗、一动一静，主题鲜明。我赏园二十余载，往往是绕遍回廊，少有知音，不是故作清高，只能自甘寂寞，廊下独坐，修心养性，方始进入无为境界。另一幅是满地落花，题句为"花落知多少"。此句在《春晓》诗中颇有境界，单择一句，平淡乏味，则不见境界。宜改为"落红不是无情物"，给落花赋予了高尚的思想和丰富的感情，使人们必然联想到"化作春泥更护花"，为后来者牺牲的奉献精神。可见诗与画必须珠联璧合，才能升华为意境。

园林中还有历代文人写的诗、词、文章，有的是园主人，有的是著名作家，流传作品最多的当数沧浪亭。该园主人为北宋文学家苏子美，除留有大量诗词，还写了著名的《沧浪亭记》。到南宋名词人吴文英就有《贺新郎·陪履斋先生沧浪看梅》的名篇，再后有归有光的《沧浪亭记》和宋荦的《重修沧浪亭记》。苏舜钦为后代文人所敬仰，往往来沧浪亭者于追念时著有诗文，流传后世；而明清两朝的巡抚衙门距该园仅一里，常去游赏、聚会和修复，也留下许多诗文，故以沧浪亭的文化内涵为最深。其他如拙政园有文徵明的《王氏拙政园记》《拙政园图咏》，吴梅村的《咏拙政园山茶花》。还有怡园俞樾写的《怡园记》，以及留园、狮子林的园记，等等，都是园林文化。其诗词、文章，有叙事、有抒情、有感慨，亦有议论。游园者读了，便能深入到园林文化的精髓，高层次地理解其中的诗情画意，乐而忘返了。

❀ 哲理美学律

园林文化包容了许多哲理，只有对园林文化做深透的理解，方能省悟其中的三昧。而园林文化又是把儒、释、道三种哲学融会在一起。造园家把大自然的山水花木融于一园，集中提炼，形成了典型的理想环境，不着痕迹，即"虽为人作，宛自天开"。这自然，亦即园林之中，便是道家的无为天地，大自然是无为而无所不为的。赏园的人，进得园来，就能感受到融于自然的魅力，进入物我两忘、天人合一的境界。如园林中常有濠濮间、观鱼处等景点，源于庄子《秋水》的"安知我非鱼"。我即是鱼，鱼即是我，物我不分，便入境界。在人文景观处，则往往有儒家的哲学思想。如网师园的濯缨水阁，有副楹联："曾三颜四；禹寸陶分。"上联出于《论语》，指曾参的"吾日三省吾身"和颜回的向孔子问仁，孔子回答："克己复礼。"颜回进一步问怎样才能做到，孔子说："非礼勿视，非礼勿听，非礼勿言，非礼勿动。"而"仁"则是儒家核心的哲学思想。下联出于《晋书》，晋大司马陶侃所言："禹惜寸阴，吾人当惜分阴。"亦是儒家积极的入世哲学思想。拙政园小沧浪的楹联"清斯濯缨，浊斯濯足；智者乐水，仁者乐山"。亦是如此，表达了儒家对仕和隐的态度，以及"达则兼济天下，穷则独善其身"的思想。

除了寺观园林，一般园林也有佛家思想的存在。如怡园董其昌写的"静坐参众妙；清谭适我情"，其中这"参"字，正是佛家哲理的灵魂所在。宗教园林的意境，有时也会在第宅园林中出现。如拙政园扇亭前的水中石幢，上下刻有莲花，中刻佛像，超度亡灵。从造园艺术的角度，纵向点缀，

打破横向水面的单调,这也是美学的处理。

哲理中也处处包含美学,三种哲学无不如此。如濠濮观鱼,鱼即是我,鱼儿令人羡慕的不仅是外形,更在于造物主赋予它的精神,活泼可爱,无拘无束,自由自在,随意所至,无身体之枷锁,无心灵之羁绊。无忧无虑,正是人所向往的境界。这其中,既有道家的无为,又有佛家的大自在。哲理中有美学,美学中也有哲理,互为表里。拙政园小沧浪有一副楹联:"茗杯瞑起味;书卷静中缘。"在平常的生活中也含有深沉的哲理。喝茶开始,淡而无味,味道慢慢地出来,越喝越有味。寓意世上万事,开头无多趣味,越深入越有趣。这是一个渐进的过程,容不得半点浮躁,必须静下心来,方有所收获,从少到多,从浅到深,以致臻美。对园林的哲学和美学的理解亦是如此。懂得园林的哲学和美学,在其中便能游刃有余,醉心于园林最高最深的境界,与大自然紧相拥抱,就能做到物我两忘,天人合一了。

跋

余自1985年离休,为消磨残生,寄情园林。一旦进入,盘桓其间,乐而忘归。先是从园林文化欣赏,逐步走进园林艺术,日积月累,二十余年,略有所得。余日游夜思,魂萦梦牵,几近痴迷,与之结成不解之缘。时至今日,方知园林文化与园林艺术之博大精深,美妙绝伦。

余醉心园林,除卧病在榻,几至无日不游。不分冬夏,遑论春秋;风霜雨雪,晦明变化,皆为秀色佳景。进得园来,几路太极,一杯清茶,半盏浊酒,数支昆曲,或吟诗,或填词,或摄影,或看报,趣味无穷,不知老之更至。但最愿为菁菁学子,普及园林知识。每到忘情之处,手舞之,足蹈之,眉飞色扬,貌若癫狂。而好学青年,紧随身后,越聚越多。究其原因,余热爱祖国,爱传统文化,爱园林,执教一生,更爱学子后生。虽至耄耋之年,甘愿奉献余热,且乐此不疲。

回顾一生,生于忧患,自改革开放以来,稍趋安定,尚能食果腹,衣蔽寒,无所忧虑。以弥补荒唐岁月之蹉跎，得逍遥风烛瓦霜之残年，亦所宜乎！现总结赏园所得，写出园林规律，自我欣赏，敝帚自珍，即有所谬误，也不怕出丑，人老皮厚，虽长城之坚亦不及也。这本书能出版，首先得感谢苏州大学的袁影博士，作为忘年交，二十多年来，她曾与我走大街，穿小巷，几乎跑遍了苏州的园林。她工作很忙，但每当我住院，她一定会来探视，我已与她全家成了好友。在她的鼓励下，我在九旬高年，再贾余勇，写成这本书，来普及苏州古典园林的文化和艺术，使人懂得如何欣赏苏州园林的精美。鲁迅说人生得一知己足矣，此生有幸结识袁影老师，她既是我学习的榜样，更是我的知己。

另蒙园友吴颖帮助校正，在此深致谢忱。更向所有关心我、鼓励我的好心人、亲朋们表示深深的谢意。

谨作跋，以记心声。

　　　　　　　　九旬老叟鲍晓
　　　　　　　　2016年6月
　　　　　　　　写于怡养老年公寓无翼鸽斋